做最好的行長

孙军正　冯民科◎著

新世界出版社
NEW WORLD PRESS

图书在版编目（CIP）数据

做最好的行长 / 孙军正，冯民科著 . -- 北京：新世界出版社，2015.12
ISBN 978-7-5104-5476-9

Ⅰ . ①做… Ⅱ . ①孙… ②冯… Ⅲ . ①银行业务 – 中国 Ⅳ . ① F832.2

中国版本图书馆 CIP 数据核字 (2015) 第 272241 号

做最好的行长

作　　者：孙军正　冯民科
策划编辑：张铁成
责任编辑：袁　静
责任印制：李一鸣　黄厚清
出版发行：新世界出版社
社　　址：北京西城区百万庄大街 24 号 (100037)
发 行 部：(010)6899 5968　(010)6899 8705（传真）
总 编 室：(010)6899 5424　(010)6832 6679（传真）
http://www.nwp.cn
http://www.nwp.com.cn
版 权 部：+8610 6899 6306
版权部电子信箱：nwpcd@sina.com
印　　刷：北京天宇万达印刷有限公司
经　　销：新华书店
开　　本：787mm x 1092mm 1/16
字　　数：186 千字　印张：17
版　　次：2015 年 12 月第 1 版 2015 年 12 月第 1 次印刷
书　　号：ISBN 978-7-5104-5476-9
定　　价：42.80 元

胜任行长 OUT！

行长作为银行网点的最高管理者，是带领全体员工为银行的发展努力奋斗的领导者，是整个银行大船在金融业的大海中扬帆起航的掌舵手。对于行长而言，银行的利益是最高利益，社会的发展是最终目的。银行行长在很大程度上已经不仅仅是一个个体，更是一种能力的象征。

在银行的发展过程中，好行长的定义，在业内众说纷纭，而我的观点是：胜任行长 OUT！卓越型行长才是最好的行长。

我之所以发表这样的观点，主要是由于在当代金融风暴此起彼伏的大环境中，对于一位好行长的要求已经不仅仅局限于能够胜任银行日常的工作，而是更加注重于能够为银行打造出一支优秀的精英团队，增强银行的国际竞争力，助力于银行的可持续发展。如此卓越的行长，才是一名合格的行长、优秀的行长。

传统胜任型的行长，在银行发展的过程中仅仅只能够起到最基础的管理作用，对于一些突发的金融危机，胜任型行长往往不能够及时地应对和处理，致使银行在危机中遭受重创，由于这个原因中途下马的行长也不在少数。

而卓越型的行长，在日常的工作中总是能未雨绸缪。对于银行的发展和市场环境也能够提前做出全面合理的分析和预测，为金融危机的出现做出充足的应对准备。

同时，卓越型的行长十分重视自身的领导力、沟通力以及执行力的完善，更重要的一点是，卓越型的行长在自我修炼的同时，仍不忘加强提升团队的综合能力，带领整个银行员工共同进步。

就国内众多银行的行长而言，能够称得上“卓越型行长”的还为数不多，所以这些胜任型的行长就需要努力加强多方面的自我修炼，积极完成从“胜任”到“卓越”的转变。

本书就是通过对行长各个方面能力修炼的具体剖析，为行长在自身能力全面提升的过程指出了一个更加快捷有效的提升方式。

本书的第一章主要是从行长自我修炼的角度出发，详细地阐述了行长在角色认知、时间管理和职业规划等方面的自我修炼的重点。第二章主要是从行长与下属员工的沟通交流为出发点。全面地介绍了上下级之间有效沟通的主要环节以及可能出现的障碍和具体的解决方法。第三章主要落实到行长的执行修炼上，在目标和绩效的具体制定、管理和实施上进行了具体的介绍。第四章的重点主要放在了银行团队的修炼上，对银行团队的管理和维护进行了详细阐述。最后一章主要就行长的领导力修炼、行长领导力塑造多方面进行了系统的介绍。

通过阅读这本书，读者将对成为一名优秀的行长所需要具备的能力及修炼，得到多角度全方位的了解，并且对于具体的能力修炼过程中需要注意的关键因素及可能出现的障碍有全面的认识和有效预防。对怎样成为一名最好的行长，本书将会呈现最为详细的介绍和引导。

目录

Chapter3 执行修炼：目标和绩效双管齐下

Chapter5 领导力修炼：塑造让人心悦诚服的影响力

Chapter1

自我修炼：提升，从自身开始

要想成为一名最好的行长，自我能力的修炼是至关重要的基础环节。自我能力的提升和运用是行长日常工作中十分有利的“武器”。

1. 行长角色认知

行长在银行日常管理工作中承担着众多的责任，也因此扮演着众多的角色。最好的行长首先必须明确自身的角色，才能在工作中扮演好这些角色。

树立全局观念

毛主席曾说："指挥全局的人，最要紧的是把自己的注意力摆在照顾全局上。"这种强烈的大局意识，不仅得到了党的领导人的推崇和落实，对社会各个领域的指挥层也发挥了不可替代的作用。

立足于全局的发展，考虑任何问题都要着眼于全局，以开阔的眼界和胸襟，为问题的解决寻找一个最为合理的方法。在事物发展的道路上积极树立全局观念，无疑是每个机构领导层必备的职业素养。

作为一名银行培训师，我深知树立全局观念。加强大局意识，对银行行长的重要性。

在当代社会，银行作为专业的“财富管家”，在整个市场经济的运作中起着至关重要的作用，对于人们的生活也有着重大的影响。可以说，银行的经营在很大程度上影响着整个社会的发展。因此，通过科学合理的管理操作，促进整个银行的全面发展，就成为银行行长的必备技能。

如果把银行比作一艘大船，那么行长无疑就是掌控大船航向的舵手。在银行的组织结构中，行长作为银行的领导层，对于整个银行的运营起着统筹管理、指引方向的作用。一个银行的具体运作流程是否符合整体的发展趋势，在很大程度上取决于行长的管理思维和整体素养。

银行行长作为银行网点的操控者，在应对银行日常的工作时，会面临诸多大大小小的问题。行长对这些问题处理得妥当与否，将直接影响整个银行系统的运作。这时，树立全局观念，就成为银行行长最基本的思维要求。

所谓的全局观念，并不只是表面单纯的整体观。它是一种不断创新、辩证统一的观念。一名优秀的行长，在进行日常的管理操作时，要从以下几方面来进行思维的塑造，为整个银行的发展树立科学合理的全局观念。

首先，要树立与时俱进的发展观。

社会是不断进步的，在市场经济的快速发展中，银行作为整个市场经济最大的金融机构，其发展步伐要时刻紧随社会整体的发展脚步，在市场经济和银行之间建立一种同进步、共发展的关系，以一种协同合作的关系，共同实现整个社会、整个国家可持续发展的宏伟目标。

银行行长在进行银行工作的管理时，要根据社会的进步、时代的变化，不断创新。以一种与时俱进的发展观，合理地处理银行运作过程中出现的问题，以最科学、最理性的方式实现问题的最小化和利益的最大化，最终为银行的整体发展铺设一条紧跟时代发展潮流的创新道路。

其次，树立辩证统一的发展观。

全局观念从辩证法的角度来分析，既是相对的，又是绝对的。

以辩证统一的发展观为基础的全局观念，是行长在面对银行具体的管理工作中协调问题、解决问题的有效途径。

对于银行的运作来讲，辩证统一的发展观，其绝对性体现在银行的整体上。立足于辩证法的绝对性，银行的整体发展即是整个全局。但是从银行的结构框架上来分析，其下属的各个部门又是一个小全局。相对于银行的整体发展，这些部门显得十分微小，但是也正是这一个个小部门在实践着整个银行的具体运作。

因此，行长在着眼于银行具体整体发展的前提下，要以辩证统一的发展观落实银行的全局发展，重视其下属的各个部门的协调，以“小全局”顾全“大全局”。只有各个部门发展运作良好，整个银行才会迎来全面的发展。

最后，树立系统全面的发展观。

银行设有众多部门，对具体的工作进行了明确精细的划分。对于整个银行的发展，这些部门的协调与合作就成了最为关键的部分。

行长作为整个银行的调控者，在处理具体事务时，要建立系统的全局观念。认真处理好银行各个部门的发展关系，在银行内部建立和谐完善的工作网，系统地分析各个环节的发展需求，解决发展过程中出现的各种问题，以最为理想的处理方式为整个银行的全面发展打下坚实的根基。

一位优秀的银行行长，在管理银行的整体运作时，必须树立与时俱进、辩证、系统的全局观念，这是我作为一位银行培训师时刻提醒学员的重要一点。树立全局观念是行长自我修炼的基础，观念正确了，行动才会更加有效率，银行的发展也才会有明确的方向，才能最终实现快速稳定地发展。

行长的五项基本职能

针对银行在整个市场经济中的重要地位，一名优秀的行长要想最大限度地发挥自身的作用，促进银行的快速发展，就必须明确以下五项基本职能：

第一，打造一支精英团队。

当代企业的发展过程，实际上是企业团队不断成熟壮大的过程。一个企业团队的品质，在很大程度上影响着整个企业的发展。

银行行长在整个银行发展的过程中起着至关重要的作用，但是这种作用主要体现在领导管理决策方面，具体的实践还是要依靠团队来落实。因此，打造一支精英团队就成了银行行长的首要职能。

建立一支精英团队，并不是简单的人员组合，它需要从以下几方面来考虑：

首先，人员的选择与分配。

在银行整个团队的组建过程中，行长要进行严格的人员筛选，选优择良，然后根据人员各自的优势进行具体的工作分配，最大限度地实现“物尽其用，人尽其能”。

其次，团队的管理。

相对于一个团队的建立，团队的管理是整个团队秩序化的关键环节。行长在建立团队之后，要制定合理科学的管理制度，同时还要及时发现团队存在的问题，解决问题，为整个团队的发展指明一个正确的方向。

再次，加强团队的培训。

对于员工的培训，银行投入了大量的人力、资金和时间，在某些情况下，还会对工作进度有一定的影响。这样的培训，却是银行长远利益的最大保障。员工能力得到提升，才能促进整个银行的迅速发展。

打造一支银行精英团队，是行长的基本职能之一，也是整个银行发展必不可少的重要环节。

第二，选择正确的发展方向。

行长作为整个银行的掌舵手，在银行的运转过程中，肩负着为银行选择正确的发展方向的重要职能。

发展方向的选择，在很大程度上影响着整个银行的正常发展。正确的发展方向犹如一盏指路灯，为整个银行的发展指引正确的方向。一个正确的发展方向不仅有利于整个银行各个环节力量的凝聚与团结，还能够有效规避银行在发展过程中出现混乱，为整个银行的发展营造一个有序的发展环境。

行长在落实这一职能的时候，一定要经过全面系统的分析与研究，多角度、全方位地进行市场调察和未来评估，立足于银行长久稳定的发展，为银行选择一个正确的发展方向，并最大限度地降低银行发展的可预知风险。

第三，落实日常的经营管理。

银行是一个支系统庞大的金融机构，在银行的整个运作过程中，环节众多，且每个环节之间看似独立，却又有着密不可分的关系。各环节之间相互作用、相互影响，以最为微妙的关系影响着整个银行的运转。

要想在银行的发展过程中，维护好各个环节、各个部门的发展与联系，就需要行长履行其经营管理职能：对银行各部门进行深入的了解与分析，以最科学的方式在众多环节之间寻找一个最为合理的平衡点，促进整个银行各个环节、各个部门之间亲疏有度的关系，在平衡发展的状态下促进整个银行的不断壮大。

第四，制定合理的规章制度。

合理的规章制度是企业、组织健康有序发展的基本保障。

行长作为银行网点最高级别的管理者，制定合理的规章制度就成了其关键的基本职能之一。

规章制度的制定在很大程度上反映了一个行长的整体能力。在制定规章制度的时候，行长要经过多方面的分析，对整个规则的具体实施进行合理的规划，并对规章制度实施后所产生的结果进行合理的设想。

在经过全面的对比研究后，行长要最终确定一个最有利于银行运转且容易被员工接受的公平合理的规章制度。

第五，打造极具代表性的企业文化。

企业文化是一个企业的根基所在，是整个企业核心竞争力的重要组成部分。一个拥有深厚文化的企业才能够赢得最为长远的发展。

对于银行来说，优秀的文化，不仅是对内管理的有效手段，更是银行对外形象的说明书。因此，打造和传播优秀的极具代表性的企业文化同样是银行行长的重要职能之一。

一位优秀的银行行长，通过自身不断的学习与提升，以我国传统文化为主体，借鉴西方文化，中西合璧，学习西方文明的优势，弥补自身的文化缺陷，在发扬人文精神的同时重视科学理性的观念，为整个银行打造出极具代表性的企业文化，壮大银行的软实力，从根本上增强银行的核心竞争力。

作为一名银行培训师，我认为这五项基本职能是当下也是未来银行行长所必备的职能。银行行长可以通过这五项基本职能来进行自身能力的培养和提升，为做最好的行长做好最全面的准备。

行长胜任力模型

在我平常的工作中接触过许多银行的工作人员和行长，这些人员的工作能力都有着不同程度的差距，而这些差距也在某种程度上影响着一个岗位、一个部门、甚至一家银行的整体业绩。

银行的正常运转，对这些包括行长在内的银行人员的能力有着很高的要求，特别是对银行的最高管理层——行长的胜任力有着几近苛刻的要求。

对于行长胜任力的要求，基本上是遵循一个特定的模型。这种胜任力模型是银行行长在处理日常的工作中和应对重大决策时，所必须具备的一系列的自身综合素质和能力的具体呈现。

随着近几年我国市场经济的飞速发展，人力资源管理的理论知识和具体的实践能力都有了很大的提升。胜任力模型所包含的内在动机、理论技能、自我形象和社会角色特征等方面，也越来越受到企业人力资源管理部门的重视。胜任力模型也以一个全新的概念，活跃于各个企业人力资源管理的过程中，对员工和企业而言，都有着不同程度的促进和提升作用。

从包括企业最高管理者在内的所有员工的角度来看，在具体的工作中，胜任力模型能够为工作人员指明完成工作任务需要具备的能力。员工根据这些具体的需求，进行有目的的能力锻炼，最大限度地开发自身潜在的学习能力，从而进一步完成自身综合能力的提升。

从企业的角度来分析，胜任力模型为企业员工的能力提供了一个可衡量的判断标准。通过对员工胜任力模型的考察，对员工的整体素养作全面的掌握，从而进一步分析出员工个人的未来绩效和企业的未来效益。依此为根据，对于整个企业的发展方向作出合理的规划，有利于企业长久稳定地发展。

胜任力模型无论是对工作人员的能力提升，还是对整个企业的发展，都有着十分重要的促进作用。

银行行长作为银行的最高管理者，作为银行的特殊员工，对其胜任力模型有着极高的要求。

具体要求包含以下几个方面：

第一，多元化的思维方式。

面对整个市场经济中金融风云的变幻莫测，银行行长需要以一种多元化的思维方式，收集整个行业中的各种信息要素，对整个市场经济中的各方面的变动起伏做全面的调研和掌控。从而在面临各种经济波动时，能够及时地做出最为合理有效的应对决策，确保银行业务的正常运行。

第二，资源配置能力。

银行作为社会流动资金的集合地，汇集了大量的资源。行长作为整个银行系统的调控者，对整个银行的人力、物力、资金都要以最科学的方式，做出最合理的配置。

面对银行较为复杂的资源结构，行长需要拥有出色的资源配置能力，对整个银行系统内的各方面的资源进行合理的规划和配置，从而实现各方资源的最大使用率，提升银行运作的效率。

第三，市场分析能力。

银行的运作和市场经济的活动有着密不可分的关系。在很大程度上，市场经济的变化直接影响着银行的具体发展方向。

因此，行长在整个银行的运作过程中，必须对整个市场经济的活动变化做出最全面的分析和了解。遵循市场经济的发展秩序，根据当下经济的发展状况，正确处理银行与整个社会的关系，为银行开辟一条规范的发展道路。

第四，创新思维。

在当今社会，市场经济的发展十分迅速，随时都会有新的发展机遇和发展问题状况的出现。

银行行长，在面对不断变化的市场经济时，要以一种创新的思维对各种发展要素进行重新认识，用开拓的眼光、发散的思维为整个银行的发展拓展新的业务领域、引进新的业务项目，为整个银行提供足够的发展动力。

第五，团队领导能力。

行长作为整个银行的管理者，面对众多的部门和员工，团队领导能力是其在处理日常工作中必不可少的。

行长的领导能力有助于协调员工的工作关系，在业务处理的过程中减少不必要的摩擦，同时能够激发员工的工作热情，调动员工的工作积极性，打造一个整体水平超高的团队。

第六，对员工的培养能力。

员工是整个银行的重要组成元素，在整个银行的运作过程中起着具体实践的作用。

行长在具体的工作中，要通过对员工的不断培养，提升整个银行的潜在价值。对于行长来说，对员工的培养能力并不是说行长要亲力亲为地去培养员工，而是说行长要具备培养员工的意识，将培养员工的思维注入对银行的整体管理行为中。例如，在银行内部，建立专门的培训制度，为每个员工提供足够的升值空间。

第七，执行能力。

执行能力是行长胜任力模型中最为关键的一种能力。

任何制度、规划的制定，最终要在落实后才能真正实现其价值。政策的落实就要依靠行长的执行能力。一位优秀的行长应该具备很强的执行力，执行力是行长综合实力的具体表现，也是评判一位行长是否合格的重要因素之一，执行力在很大程度上表现出了一位行长的工作原则、工作态度和管理风格。

第八，信息搜集、筛选、整理能力。

面对市场经济中来自各个方面的信息，银行行长必须具备对诸多信息的搜集、筛选和整理的能力。

在市场经济中，搜集银行发展的相关信息，通过准确地判断与分析在众多信息中进行选择性地保留，然后对有用信息进行归纳性地整理，最后将这些搜集来的信息中的精华部分应用到银行的发展过程中，为整个银行的提升提供最为先进的信息技术支持。

以上这几条，是我在多年的培训经验中，从行长胜任力模型中总结的几种主要的能力类型。优秀的行长是众多能力的集合体，是胜任力模型的最佳体现。在具体的工作过程中，行长应该遵循胜任力模型的具体要求，不断地提升自己，开发自身的潜在能力，为银行的发展塑造一个最好的领导者。

四种角色错位

无论做什么工作，都需要对自身有一个定位。就拿我本人来说，作为一名银行培训师，就需要先理清同听课者的关系。我不是他们的上级，不能命令他们要如何做，但我也并非和他们毫无联系，不能表现得漠不关心。只有二者兼顾，才能保证我的讲课内容兼具接受度和感染力，才能使参加培训的人员学有所成。

而行长作为银行的管理人员，一旦角色错位，问题就更严重了。位置如果摆错了，所有工作都会跟着“乱了套”。方向错了，重心错了，管理者的工作执行效果就必然会大打折扣。

我接触过许多工作风格完全不同的行长，而通过长期的观察总结，我发现行长领导成绩的优劣与他们的工作时间、管理方式都没有必然的联系，反而受其角色定位的影响最为直接。一些角色定位不当的行长无论工作多么勤奋，最终的整体业绩也总是差强人意，主要原因就是他们对自身的角色没有准确的定位。在此，我归纳出四种最常见的角色错位，希望读者能藉此进行自我审视和评估，纠正错误定位。

错位一：业务处理者。

许多银行行长过于局限于具体的业务本身。当下属没有问题时，就埋头于自己手头的工作；当下属提出业务中的困难时，就忙里忙外，帮助下属处理工作。行长如果只将自己宝贵的时间浪费在无止无尽的业务处理中，那么他（她）只能成为一个失败的行长。

对于管理者来说，成功的标准不是自己做了多少事、做好多少事，而是要提升整个团队的工作能力，提高整体的效率与业绩。行长埋头于处理业务，从短期来看，能够快速地解决工作中的各种问题。不过，这种行事作风却会严重制约下属的能力提升，还会使下属形成严重的依赖心理，这都不利于团队整体的提升。

“松中有紧，紧中有松”，这才是一位高效行长的管理方式。我也曾见识了一位将这一理念贯彻得很好的行长。这位行长就职的网点位于城市的中心商业区，平日的业务非常繁忙，但每次接到任务，他都只是布置最基本的事项，具体执行方案全部交由下属决定。当下属在工作中出现小差错时，他也不会轻易出面，只有工作陷入僵局或滞后时才出面指导。长期处于这种环境下，网点成员的能力得到了极大的提升。因此，尽管该行长平时看起来一点都不忙碌，但整个网点的效率却很高。

错位二：内部协调者。

想要使团队成员以一种较高的效率工作，就要保证团队内部的和谐共处，包括同级员工间的关系，以及上级与下级的关系等。

协调银行内部关系，是行长的工作之一，但绝不能成为工作的全部。行长必须要有自己的立场，要严守基本的原则，过度协调，成为一个“和事佬”，只会让自己在下属心中失去权威，在上级心中失去信任。

比如，我认识的一位银行行长，态度很友善，跟下属的关系也挺好。有一次，一位下属因为堵车迟到了一分钟而受罚，当时他就在行长面前抱怨制度实在过于严格了。这位行长当时就随口回应说：“是啊，我也觉得有点不够人性化。”没成想，自此之后，这位此前几乎从不迟到的员工频频出现迟到现象，尽管每次都只是一两分钟，却严重破坏了整个团队的风气。无奈之下，这位行长对该下属进行了严厉的批评教育，才算是纠正了其态度。

错位三：强权官僚。

行长是银行网点的最高负责人，统筹各项事务，但不能因此就把自己的位置摆得过高，割裂了同下属的联系。

如果行长仅仅做一个高高在上的发令员，不懂得解决问题、改善现状，每次将一堆指标发布下去便坐等最终的汇报结果，结果不满意便以绩效制度相待，如此的“强权政治”是不会受到下属欢迎的。而从结果上来看，缺少行长的授权与协调，整个团队的工作效率必然会大打折扣，工作指标的完成也会受到影响。

即便是高高在上的古代帝王，在大臣上奏问题后，也会提出一些具体的解决方案，而不是永远只看政绩。“暴君式”的角色定位，从某种程度上说，正是缺乏实践工作的表现。

错位四：放任自流。

“无为而治”是我国古代一条非常经典的领导思想，在现代管理学中，也提出了“最好的管理者是让下属感觉不到他的存在”这种类似的观点。管理者应当给予下属一定的自由发挥空间和犯错的机会，不过，绝不能因此就将“无为而治”与“放任自流”划上等号。

我曾接触过一些“中途落马”的行长，他们以为自己做到了“无为而治”，实际上却陷入了“放任自流”的状态。下属倒是有了发挥空间和犯错机会，但是他们却没能在问题的雪球越滚越大前及时加以纠正。最终，工作出现了大纰漏，造成了无可挽回的损失，他们自然要为此承担责任。

陷入以上任何一种角色错位，都会给行长的工作带来很大的麻烦。而如果陷入了多种角色错位，则会让整个管理系统都混乱不堪。所以，我希望所有行长能在学习最新的管理知识之前，先从错位的位置上离开，为正确的角色定位排除障碍，否则再多的学习提升也难以落到实处。

角色定位的三种维度

有许多银行行长都曾问过我，“究竟怎样的角色定位才是正确的、成功的”，诸如此类的问题，但是我并没有给出一个准确的答案。究其原因，主要是由于角色定位并不是静态的结果，而是一个动态的过程。不同的状况、不同的节点，可能都需要与之相适应的角色定位。而这一特征放在银行行长的职位上，就更加明显了。

银行行长在整个银行系统中，属于中层管理者，这一定位也决定了其作为管理系统的交通中枢，肩负着复杂化角色定位的任务。

银行网点的下属，同级网点的其他行长，总行的决策层，这些都是银行行长需要直接接触的对象。而面对不同级别的对象，行长自然也要有不同的应对态度和行事作风，这就涉及三种不同层次维度上的角色定位。

低层维度：对下级全面领导。

领导下属，是行长最主要，同时也是内容最繁杂的一项工作，绝不是简简单单地将任务布置下去，然后跟在下属身后要结果。这并非是领导者的所为。

在向下属下达工作任务时，行长是命令者和授权者；在关注下属工作执行的过程和结果时，行长是控制者和监督者；在日常管理中，行长是规则的制定者和维护者；在面临问题时，行长是决策者和方案制定者；在团队领导中，行长是榜样和培训师……

行长领导工作的内容是多样化的，身份同样也是多样化的，过于偏颇其中一点就难以真正做到对下属的全面领导，角色定位也会出现错位或漏洞。

我常对前来咨询的行长说，在网点内部，要将自己塑造为一个大家庭的“家长”。在具体的事务中既要讲权威，又要懂协调，这样才能服众，才能确保工作的高效执行。

中层维度：将同级作为“内部客户”。

如何面对同级别的同事，是许多中层管理者都感到头疼的问题。态度过于谦卑，不敢指出其工作中的问题，不仅不利于其自身发展，也不利于整个银行系统的正常运作；而态度过于强硬，又会显得盛气凌人，引起对方的不满或误解，不利于工作中的协同合作。

面对这一问题，我认为最好的解决办法就是从角色定位入手，将其他同级网点的行长作为“内部客户”，而自己则成为“客户”的服务者和引导者。将工作中应尽的职责转变为满足“内部客户”的需求，从不同的角度制定沟通交流的方针。

做好“内部客户”的服务，要抓住细节与真实的瞬间。在关系上，做到完全对等，不看高也不看低对方；在态度上，要真诚友好，不能展现厌烦或无奈的神情；在工作交流及日常交流中，确保信息真实通畅，没有隐瞒或阻碍；在工作的对接和配合上，要坚持协商、协调、协助的原则。

高层维度：对上级全面负责

面对总行的决策层，行长就成为了最直接的执行层，要将上级最直接的命令及精神加以理解，并转化为具体可执行的方案指标分派下去，以完成总体业务目标。

面对上级，行长是执行者，负责工作职责的代理与履行，与此同时，行长也是报告者，要负责最终结果的汇报任务并对结果负责。另一方面，行长也是学习者与传达者，他们要学习和理解决策层的标的与方向，并将之完整地传递给网点内的下属。

行长必须认识到，自己的职权基础是上级的委托或授命，没有责任也就没有权力。行长是银行上级的代表和替身，一言一行都是一种职务行为。面对上级的决定，要坚决服从并执行，不能讨价还价、拈轻怕重。在执行的过程中，要始终在自己的职权范围内行事，切不可越权行动。

我常开玩笑地对一些行长说，做好行长工作就是要学会“七十二变”，见到不同的人要变不同的态度，在不同的环境中也要变不同的作风。“变”得好才能在工作中配合得好，无论是面对下级、同级还是上级，都能让相互之间少一些障碍与摩擦，高效行动。

在我接触的行长中，四川省农行行长张军洲是一位杰出人物，多年来奋战在大西南的他，工作时“能上能下”，受到了农行全体人员的一致赞许。

2013年8月，年逾五十的张军洲行长依旧坚持着将工作落实到最前线的理念，亲自前往四川省最边远、最艰苦的石渠县。此次走访，他肩负着上级下派的三个任务：一是农行如何搭建金融体系支持藏区“三农”和小微企业的发展；二是位于边远地区的支行机构如何创办现代化商业银行；三是边远地区基层机构及群众在工作生活中急需解决的问题。

石渠县平均海拔在4200米以上，被称为“生命禁区”。即便是一些身强力壮的小伙子，来到这里都会被严重的高原反应压得透不过气，对于张军洲行长更是一大考验。还未到石渠，他便头疼欲裂、脸色发紫。同行人员很是担忧，便鼓起勇气建议他回去，由他们上去把第一手情报带给他。张军洲行长没有生气，也没有同意，只是语重心长地说：“几年来我只是走这一遭，但那些石渠的同事们却是每天都在奋战啊。”

尽管张军洲行长在石渠只停留了一天一夜，但他一刻也没停歇。进食堂、访网点、探宿舍，对于每一个细节问题都同基层的干部员工开会讨论。对于能够现场解决的问题，张军洲行长一一做出指导意见，对于分行无力解决的，则让随行人员详细记录，向总行申请解决。

张军洲行长清楚地认识到身为一个省分行行长，自己应尽的职责是什么。他没有选择坐在办公室处理公务，而是深入到基层，成为总行与基层支行间更紧密的联结者。张军洲行长在工作中对于自身角色的准确定位不仅使他出色地完成了上级下达的任务，也使他在工作中赢得了下属的追随和爱戴。

精准的角色定位，是成为卓越行长的基础。行长对三种维度的定位要有深刻的理解，并在工作中切实落位、对号入座，这样才能通过定位指导行动，进而带来整体领导成效的提升。

2. 实现“三头、六臂、四法宝”

面对银行在发展中不断出现的问题，行长该以怎样的状态和方式来应对才能最大程度地降低消极影响呢？这就需要行长具备“三头、六臂、四法宝”。

“三头”——行长的三重身份

我曾经和某地一位农业银行的支行长有过接触，我们在讨论银行行长的职责时，这位农业银行的支行长开玩笑说：“你看我平常只有一个头，但是一旦投入工作，处理银行这方面那方面事务时，我就会变成一个‘三头怪’，专门吓走那些大问题、小麻烦。”

当时我听到这位支行长把自己比作恐怖的“三头怪”，还哈哈大笑，心里想着银行行长也是有风趣的一面的。我后来仔细回想这位行长说的“三头怪”，倒也十分吻合当代银行行长的三重身份。

行长作为整个银行的领头人物，不仅处理银行日常的种种事务，还要负责银行的系统管理。面对不同的问题，行长都要以不同的方式方法进行合理的分析与解决。

在处理银行的具体问题时，银行行长通过不断的身份转换，为整个银行的正常运转寻求最适合的方式。

那位农业银行的支行长把自己比作“三头怪”，并不是随口一说，实际上也是根据其具体的工作内容所进行的三重身份的划分。行长的三重身份，不仅是其工作内容的划分，也是其主要工作内容的具体呈现。

第一重身份：统领全局的指挥长。

在银行的整体运作中，行长以全局指挥长的身份统领着全体工作人员。

面对复杂繁多的工作流程，行长必须起到一种协调管理的作用。在日常的业务中，维持整个银行各个部门、各个环节工作的有序进行。在各环节之间建立一个规范合理的运作秩序，维持银行各个环节全面有序地发展。

在行长以指挥长的身份统领全局的时候，面对众多的事务，就需要充分运用好其指挥长的权力，通过这些权力的运用，更好地统筹整个银行的管理系统。

1.赏罚分明权。

对于员工的管理方面，明确的赏罚制度，是维持员工日常工作秩序最为有效的方式。

员工在工作过程中，有好的表现、出色的工作业绩就应该受到明确的奖赏。这种奖赏制度，可以在很大程度上调动员工的工作积极性。受到奖赏的员工，也可以给其他员工树立一个榜样，从而在整个工作环境中营造一个积极向上的工作氛围，进而提升整体员工的工作效率。

相对于奖赏，员工也要为其在工作过程中所犯的错误承担一定的惩罚。对于员工的工作失误和其他方面所犯的错误，行长要给予一定的惩罚。这样不仅有利于员工避免错误的再次发生，也给所有员工在以后的工作过程中起到警醒的作用。

2.行长的个人影响力。

对于银行行长而言，人格魅力已经成为了整个管理过程中最有成效的影响力。一位合格的行长，必须具备自身独特的人格魅力。这种人格魅力不仅会降低行长在管理方面的难度，有利于行长对下属人员的凝聚，还对整个银行凝聚力的形成有着很大的促进作用。

行长作为银行中统领全局的指挥长，在以这一身份进行具体工作时，要巧妙地运用自身的影响力，维持整个银行系统的正常运行。

第二重身份：员工的良师益友。

行长作为整个银行的管理者，是所有员工的领导，在整个银行的系统中占据着极高的领导地位。

但是一位优秀的银行行长，不仅要成为一个优秀的管理者，更要成为银行所有员工的良师益友。行长在员工的工作过程中，作为员工可以信赖的朋友、可以学习的老师，有效促进着员工整体职业素质的提升。

作为朋友，行长在与员工相处的过程中，不能时刻端着领导的架子，拒员工于千里之外，要适度地关心员工的工作、学习和生活，给予员工朋友般的温暖。这种相处方式，不仅有利于人心的凝聚，还有利于团队工作效率的提升。行长给予员工关心温暖的同时，员工也会给予相应的回报。这种回报表现在具体的工作中，就是工作效益的提升。

行长作为良师，一行之长，相较于普通员工，拥有更强的专业能力和更高的职业素养。其丰富的理论知识和众多的工作经验，是所有员工的学习对象。在具体工作中，行长应该毫不吝啬地把自己的经验、知识传授给下属员工，加强双方之间的交流与学习。在不断的学习中，促进员工能力的提升，实现银行员工整体综合实力的增强与飞跃。

第三重身份：问题、困难的终结者。

银行作为整个市场经济中最为重要的金融机构，在日常的运转中会出现一些无法避免的问题。特别是在金融趋势不太稳定的互联网时代，许多新的问题、新的困难会毫无预兆地出现在银行的工作当中，给银行的正常运转带来了很大的阻碍。

面对不断出现的问题，行长就要以问题终结者的身份出面处理这些事务。

在问题出现时，行长首先要沉着应对，然后利用自身专业的业务技能和成熟的处理技巧，以及极强的应变能力和处理问题的能力，对所遇问题进行全面的分析和研究，最终采用合理有效的方法解决问题。

在问题解决之后，行长还要积极地进行经验的总结与整理，为以后类似事件的发生，做好充足的应对准备。

指挥长、良师益友、困难终结者就是行长的三重身份，也是那位农业银行行长所说的“三头怪”， 同时也是我在银行培训中经常着重强调的内容。行长的这三重身份，在整个银行运转的不同领域都起着十分重要的作用。大到银行的整体形势，小到部门的一个员工，行长利用这三重身份的转换，巧妙地解决了各方面的不同问题，促进了整个银行的发展。

“六臂”——行长的六项技能

在我数十年的职业生涯中，为众多银行进行过许多场大大小小的培训课。课堂内容包括怎样提升自身职业技能的课题，这也是银行十分注重的培训内容。

包括行长在内的所有银行的工作人员的自身技能，都直接影响着整个银行的工作效率和发展进程。特别是作为银行网点的总负责人行长，其职业技能的强弱对于整个银行各种业务的提升都有着至关重要的作用。

一次，我在给民生银行的培训课中，就曾与民生银行的行长深入讨论过这个问题。这位行长是一位十分内敛沉稳的人，言辞不多，但是却句句精准。在许多问题的讨论中，总能一语道破玄机。我们在讨论行长的职业技能时，这位行长也根据自身的工作经验发表了自己的看法。

我通过对这位行长言论的整理，再加上自己的认识，总结出了当代银行行长在工作中必备的六项技能。这六项技能就像是行长的“六臂”，在面对银行众多复杂的工作时，帮助行长快速有效地解决问题。

技能一：对员工的培养能力。

如果把银行行长比作战场上的将军，那银行员工就是将军手下的士兵。在战场上，要想打好仗，就要先把手下的兵带好。

对于一个银行来说，基层员工在整个银行的系统当中，起到基础性的作用。银行员工直接操作着银行的具体业务，员工综合能力的强弱在很大程度上直接影响着其工作效率的高低。

因此，作为一个优秀的银行行长，就要具备培养员工的能力。通过开展各种形式的员工培训，不断提高员工的综合能力和整体素养，实现其个人价值的提升。员工的能力得到提升，其工作效率也会有明显的提高，对于整个银行的发展有很大的促进作用。

技能二：良好的沟通能力。

良好的沟通能力是一位优秀的银行行长所必需具备的一项技能。

行长作为整个银行系统中的中高层管理者，在众多的事务中都需要与上级领导和下级员工及时作出交流与沟通。这就需要行长具备良好的沟通能力。

在与上级领导的沟通中，行长要积极主动地参与到交流中，对于事务的处理和重大决策的制定提出自己的意见，通过交流与沟通协助上级领导制定出解决问题的方案和重大的决策。

对于下级员工，行长通过不断地交流与沟通，让下属员工更快地了解自己的观点，支持自己的观点。同时在双方的交流过程中，行长也能够接收到员工的想法，通过不断地筛选和整理，及时调整自己的工作方式和工作重点，从而保证整个银行工作的顺利进行。

技能三：激发员工正能量的能力。

“正能量”是近些年相当时髦的一个新生词语，它是一种积极向上的力量。在给很多银行做培训时，我曾多次强调“正能量”的重要性，它能很好地调动员工的工作积极性。而激发员工的正能量也是一位优秀行长能力的体现。

每个员工都有各自的特点，行长要根据不同员工的个性通过不同的方式，激发出他们的积极性，给他们营造一个充满正能量的工作环境。让他们在工作的过程中看到自身的发展前景，看到银行为他们提供的发展平台，激励他们更加投入地进行工作与学习。

技能四：对员工业绩的管理能力。

员工的业绩是员工日常工作努力程度的体现。对员工业绩科学合理的管理是促进员工不断进取的有效方式。

对于行长来说，要做好员工的业绩管理必须掌握绩效管理的内涵，熟悉KPI等绩效管理工具的运用，掌握绩效管理中的难点，如对考核指标的提取、权重的设置、考核结果的运用等，并掌握相应的解决方案。对员工业绩的管理能力，不仅有利于行长了解员工的工作表现、工作能力，还有利于行长对银行整体工作业绩的有效把握，从而促进整个银行业务效率的提升。

技能五：很强的应变能力。

在金融趋势风云变幻无常的互联网时代，整个金融行业内隐藏着许多潜在的危机。银行作为金融行业内最主要的机构，在发展的过程中必然会受到许多的突发冲击。

面对大环境的变化起伏，银行行长就要具备极强的应变能力。面对突发事件，能够及时作出最合理、最有效的应对措施，在最短的时间内制定出最为科学的应对方案，最大限度地缓解银行受到的冲击。

行长的应变能力不仅运用在银行发展的大环境中，对于处理日常工作的突发问题也是十分重要的。对银行各个工作环节的合理管理，减少各部门之间的工作摩擦，及时地分析、解决工作中的问题，都需要行长具备极强的应变管理能力。

技能六：处理问题的能力。

行长的主要职能就是解决银行出现的各种各样的问题。只有具备了关键的问题解决能力，行长才能成为优秀行长。具体来说，行长处理问题的能力主要包括：目标关注能力、计划管理能力、观察预见能力、系统思考能力、深度沟通能力、适应能力、执行到位能力等。行长在平时的工作中，应该努力去培养这些能力，从而全面提升自身解决问题的能力。

以上六项技能，是每一位银行行长的必备技能，也是成为一位优秀的银行行长综合能力的体现。我在与众多银行行长的交流中了解到，许多行长都已经认识到这六项技能的重要性，也根据自身的不足在积极主动地学习与改进，努力地提高着自身的综合能力。当然，具备这些技能知识是成为最好的行长的第一步，只有把这些技能知识运用到对银行的具体管理工作中，推动银行的发展，才是我们的最终目标。

“四法宝”——行长的四种态度

我经常对学员说这样一句话：“什么样的将军带什么样的兵。”领导的态度经常会产生意想不到的连锁效应，对员工的影响十分显著。我并不是这句话的原创，但是却一直信奉这句话所阐述的道理。

同样，在一家银行里，什么样的行长就会带出什么样的员工。员工虽然是整个银行系统不可缺少的一部分，但是却身处其所属机构人员结构层的最底端。在很多时候，员工处在一种效仿和受影响的状态。对其产生影响和可效仿的对象自然是整个银行网点的最高管理者——行长。

行长的处事风格和为人态度，在很大程度上影响着整个银行员工的素养塑造。

作为整个银行网点的负责人，行长的态度决定着处理日常工作事务的效率和品质。正确合理的工作态度会对整个银行系统的运转产生积极的影响。反之，则会不同程度地阻碍银行的正常发展。

通过我自身的工作经验以及与众多行长的交流，我整理出了在日常的工作过程中，面对不同的事务，行长应该具备的四种态度，也就是行长工作中的“四法宝”。

态度一：自我检讨的谦逊态度。

行长是银行网点的最高管理者，是银行工作的最高责任人。在处理日常工作的过程中，遇到出现的问题或是员工工作上的失误，不能一味地把责任推到员工身上，质疑员工的工作能力，而应该首先考虑自身的因素，分析自身的责任，自我检讨、自我批评。多找一下自身的问题，分析一下是不是自己的工作方法不当或是工作手段不合适。以一种谦逊的态度从自身找问题，理智地分析问题出现的原因。

态度二：对工作严谨化、规范化的态度。

由于牵扯到社会上敏感度较高的“钱”，银行的工作也因此要求更加正规化、程序化。这就要求银行工作人员必须具备一种严谨规范的工作态度。因此，行长在工作的过程中必须严格要求自己，并且对工作流程制定正规合理的制度，将所有的工作都进一步规范合理化。

在工作的过程中行长要以严谨的态度积极促进工作有序进行，监督各个部门具体落实，从而保证银行系统各个环节的规范化。

态度三：不断学习、不断进取的态度。

作为银行的行长，如果在工作的过程中缺乏突破力，那么他的工作也不会有创新。

要想具备这种突破力，就需要不断地学习、不断地进取。在努力学习的过程中，不断地分析问题、总结经验，借鉴学习国内外行业内的先进知识，汲取新的信息，通过坚持不懈地努力扩大自己的知识面，开拓自身的创新思维，为整个银行工作的开展，积极寻找新的突破点。

行长这种努力学习的态度，不仅有助于自身综合素养的提升，也有利于在整个银行营造出一种积极向上的学习氛围。

态度四：实事求是、公平公正的态度。

我们总说在法律面前人人平等，人们愿意遵法、守法，就是因为法律是公平公正的，它对每一个人都是平等的。

对于银行来说，也是同样的道理。行长是整个银行网点的最高管理者，他管理着银行各个部门的所有员工。要想使这么多的员工都能够心服口服地服从安排，就需要行长以一种最为公平公正的态度去对待每一位员工。

理解、具备并充分利用这“四法宝”，不仅能有效化解行长在工作中遇到的各种问题，还有助于提升行长的个人魅力，获得常人所不及的追随力。

3. 高效工作源于高效时间

对于天天忙不停、总有做不完的工作的银行行长来说，时间管好了，就是效率。

实现时间的最大价值

在我的工作过程中，曾与很多的银行人员和行长有过来往，其中有一位民生银行的行长给我的印象十分深刻。

这位行长是吉林人，身上有着东北男人特有的豪放与爽朗。他给我的第一印象就是特别的接地气儿，很随和，闲谈时爱开玩笑，总是逗得身边的人笑个不停。我一度以为他是一个工作中也如此大大咧咧的人，但是在与他谈到银行的管理时，他言语间所表现出来的作为一位行长该有的沉稳和严谨的态度，让我深深地折服。

特别是谈论到日常的时间管理时，这位行长呈现出了与先前闲聊时截然不同的清晰思维。我们聊了很长时间，不仅因为他是一位随和、爽朗的人，更是因为他对行长的时间管理方面有着十分清晰的规划和思路。

他跟我讲了他对时间管理认识的一个变化历程。他说："其实银行的日常工作十分繁琐，每天都会有不同的新问题需要解决和处理，我曾经总是觉得一天的工作时间太短，总有处理不完的事情，有时甚至要把工作带回家里去完成。这样不仅工作效率很低，还严重影响了我的家庭生活。后来经过不断地自省和总结，我总算明白了，造成我工作烦恼的其实是我对时间管理的不合理。后来我对工作时间重新作了调整，努力实现时间的最大价值，工作效率得到了很大的提升，整个人也轻松了许多。"

他的这段话给了我十分深刻的印象，我总以为这样一个性格豪爽的人，对于工作也许会不拘细节。但是我忽略了作为一位行长，他绝对具备着极高的工作素养。他对时间价值的认识，也使他现在成为了一位优秀的行长。

同样是一天的工作时间，工作量也没有特别大的差距，但是有的行长觉得时间不够用、工作很累，有的行长工作处理得井井有条，也相对轻松很多。造成这种差异的主要原因就在于有没有实现工作时间的最大价值。

俗话说："一寸光阴一寸金，寸金难买寸光阴。"这样的名言警句，很多人在小学时就已经学习过。但是真正把它参透悟透，付诸实施的又有多少？我的很多学员经常向我抱怨工作太多、时间不够用，每天都好累。

实际上时间对于每个人都是公平的，怎样利用相同的时间去实现比别人更多的效益？这就需要最大限度地实现时间的价值。

首先，充分地利用时间。

在银行行长一天的工作中，积极主动地去使用时间，才是实现时间最大价值的最为直接的途径。

时间的价值体现在使用之后，就好像纸币一样。在没有使用之前，纸币实际上就是一张纸，但是你使用它，用它购买东西，那就实现了它的价值。同样，行长工作时间的价值就在于用它去实现工作的更多意义，去处理更多工作中的问题，促进银行整体稳定快速的发展。

其次，合理地管理时间。

时间是一种抽象的事物，看不见摸不着，但是它又具体表现在所有事件的发展过程中。工作效率的提升，实际上就是对工作时间管理上的优化。

对于一位行长而言，其掌管着整个银行网点的工作运转。行长必须保证银行的每个环节、每个部门都能够有序运行。面对众多的事务和有限的时间，只有合理的时间支配才能够保证面面俱到。

行长的工作计划，实际上就是对时间的规划。怎样更加合理地管理时间，是一位行长必须提前做好的工作准备。也是其提高工作效率的有效方式。

最后，给时间设定明确的工作目标。

惰性是人的天性。面对日益繁重的工作压力，人难免会有些许疲惫，行长也不例外。要想在日常的工作过程中最大限度地降低惰性，就需要设定明确的工作目标。

在面对已知的工作之前，要给具体的时间段设定明确的工作目标。有了具体的工作目标，就会有明确的奋斗方向，就会在规定的时间内尽最大努力去实现工作目标。这种工作目标的设定，在很大意义上起到一个警醒督促的作用，对于整个工作任务的完成具有很大的影响。

实现时间的最大价值是提升工作效率的前提条件。对于时间的管理和利用，是优秀的银行行长提升自身工作能力的必要手段。

走出时间管理误区

我的一位学员曾向我诉苦，说自己每天从早工作到晚，从上班到下班几乎每时每刻都在忙碌。为了更好地完成工作，他已经尽最大可能地去利用每一分钟，可是工作效率还是很低。自己的努力不但没有取得成效，还经常因为工作效率低完成不了工作而经常会受到主管的批评。

我还十分清晰地记得当时这位学员流露出来的沮丧，我非常相信他为了更好的工作成果所付出的努力。他付出了自己的努力，却没有换来回报，得到的只是一再下滑的工作业绩和逐渐消失的工作热情。

其实像这位学员所遭遇到的问题，在整个职场已经是相当普遍的现象。并且这种现象不仅出现在底层员工的工作当中，而且处在管理层的行长也同样面临相同的问题，这主要是因为时间管理不恰当造成的。

我曾与农业银行某网点的行长讨论过这个问题，我与他说及这位员工的沮丧，他表示感同身受。他在工作的最初阶段也曾遭遇过这样的问题，由于他身处整个银行网点的管理层，这种现象所造成的影响更为严重。

其实这种高付出、低回报的工作方式，最根本的原因就是陷入了时间管理的误区。对工作时间分配得不恰当，不仅导致了工作效率的低下，还在一定程度上打击了工作人员的工作热情和积极性。

误区一：时间管理就是在有限的时间内做更多的事。

很多人都以为在固定的时间内做更多的事，就是最有效的时间管理。更多的时候他们追求的是单位时间内工作的量，而不是工作的质。在他们看来，做的工作越多，就越能实现时间的价值，实际上这种想法对于银行工作人员来说是不对的。

不同于一些以流水线作业为主，追求单位时间内完成更多的工作量的企业，银行是工作精细度极高的金融机构，更多的时候要求工作的准确度和工作的质量。否则，就会出现做的越多错的越多的情况。所以，作为银行行长，绝对不能简单地认为，在有限的时间内做更多的事就是做好了时间管理。

误区二：工作完成了就不需要再总结。

农业银行的那位行长曾对我说，他在检验员工工作成果的时候，员工经常呈现的就只是一个工作成果，而很少有一份完整的工作总结。而对于他自身而言，他十分重视工作总结，并且这已经成了他工作过程中必不可少的一部分。

我想这就是一位行长优于一位普通员工的原因之一。对于行长而言，工作内容更为繁重，正因为工作内容的繁杂，才更应该在完成之后作总结。完整的总结，更容易清晰地看到时间的管理成效。根据工作的内容总结，可以对自身的工作时间有一个全面的了解，在整个工作过程中，寻找时间分配不合理的部分，积极地改正，避免失误再一次发生，这对于提高工作效率有着很大的促进作用。

误区三：时间管理就是要严肃紧张地工作。

在银行员工的眼里，大多数的行长都是不苟言笑的典型。他们不爱笑，因为要保持领导的风范。而很多行长，不仅不苟言笑，而且在工作的过程中经常为自己营造一种紧张的气氛。这种紧张的工作气氛，不仅不能带来高效的工作，而且还对下属员工的工作情绪造成负面的影响。

针对这一现象，我曾指出过一位银行行长的不足。但是这位行长却十分委屈地说："我这样做，也只是想更好地利用时间，更好地工作。"一听到这儿，我就知道了他已经陷入了时间管理的误区。因其在时间管理方面的失误，造成了他工作当中的紧张和压力。

实际上，合理的时间管理会营造一种更加轻松的工作氛围，这种轻松的工作环境在很大程度上可以减轻工作压力、提高工作效率，最大限度地实现行长作为一个银行管理者的工作职责。

这几点误区只是众多时间管理误区中的几个典型，也是极易出现的几个错误。要想成为一位优秀的行长，就要作出合理的时间管理规划，走出时间管理的误区，提高自身的工作效率，也为下属员工做个好榜样，带动整个银行工作人员时间管理的优化，为整个银行工作效率的提高起表率作用。

从高效率到高效能

很多人都错误地把高效率等同于高效能，其实这两者是两个完全不同的概念。我曾对我的学员说过这样的话，你有可能是一个工作效率极高的人，但你却不一定是一个高效能的人；但如果你是一个高效能的人，那么你一定拥有极高的工作效率。

一位优秀的银行行长必定是一个高效能的管理者。要想成为一位优秀的行长，也必然要从工作上的高效率转换成整体的高效能。

高效能的行长不仅拥有极高的工作效率，并且拥有显著的工作能力。其综合能力在一定程度上不仅仅体现在工作效率上，还主要表现在问题的处理和解决上、人员的管理上、银行发展的整体布局上以及政策制度的制定上。在银行整体运转的过程中发挥着不可替代的积极作用。

但是这种高效能并不是一朝一日就可以练就的，它需要长久的磨练和学习。怎样从高效率转换成高效能，就成了我接下来要重点介绍的内容。

第一，坚持双赢的发展观。

作为行长，在工作的过程中坚持双赢的理念，利人利己，在自身能力得到提升的同时，也能够促进银行的整体发展。

坚持双赢的发展观，要求行长在工作中以双赢思维思考和解决问题，通过互利合作推动工作的进程，从而以最高的效率达成最好的结果。

第二，有始有终的工作方式。

中国人做事讲究有始有终，这是中华民族的优良品质。在工作压力越来越大的当代社会，面对繁重的工作，很多人滋生了惰性。很多事情常常半途而废。

这是一种极为不好的做事态度，特别是在银行的管理工作中。一位高效能的管理者无论做什么事都要有始有终，面对中途出现的工作困难，选择积极主动地去面对、去解决，而不是半途而废。

第三，掌握重点事务的能力。

在行长的工作过程中，要面对各种各样的事务，但是工作总有轻重缓急，什么事情比较重要，什么问题急需解决，这就需要行长具备掌握重点事务的能力。

面对众多事务，沉稳地分析与了解，在众多的事务中准确地找出急需解决的，作出合理的工作规划。以解决重点事务为主，并为所有的工作处理作出合理的时间安排，确保各项事务有序地完成。

第四，处变不惊的工作态度。

面对众多不可预知的发展困难，作为一名高效能的行长，处变不惊的工作态度是必不可少的。在银行发展的过程中，面对突发状况，行长首先不能慌乱，应该沉着地应对。面对具体的问题，应认真全面地分析，制定解决的方案，确保一系列的程序有条不紊地进行。这样才能更加有效地解决问题。

第五，不断创新的思维模式。

作为一个高效能的人才，行长应该紧跟时代发展的步伐，不断地学习，不断地创新。在银行发展的过程中，不断汲取国内外先进的信息知识，充实自己，提升自身的综合素养。同时为整个银行系统树立与时俱进的发展模式。

字面上“高效率”和“高效能”仅仅是一字之差，但是其具体的表现还存在着相当大的差距。要想成为一名高效能的行长，就要以一种全新的思维模式从各个角度全方面地进行自身综合能力的提升。通过不断努力，实现自身价值的升华，为整个银行的发展带好头、领好队。

4. 高效的时间管理法则

在时间的运用上，按照一定的法则将有助于行长工作时间的高效管理。

“二八法则”

许多学员经常向我寻求时间高效管理的良方，如果一定要让我说出个良方的话，那就是“二八法则”。

“二八法则”是19世纪末20世纪初意大利经济学家巴莱多提出的，又称巴莱多定律。“二八法则”的得名主要来源于其所阐述的内容：在任何一件事物的发展过程中，其中起决定性作用的因素只占20%，其余的80%都是没有任何作用或作用不大的次要因素。尽管80%占据了绝大部分，但是真正起作用的却是那少数的20%。

“二八法则”很好地呈现了主次因素的不平衡关系，广泛地运用于经济学和管理学等众多领域。

关于时间的管理问题，通过“二八法则”也能得到很好的解决。

“二八法则”在提出之初就被认为是管理学上最不平衡的法则。但也正是这种不平衡性，造就了高效率的时间管理。

虽然行长具备较强的综合能力，但是一个人的时间和精力是有限的，要想面面俱到地把所有事都做到完美几乎是不可能的。面对复杂繁多的工作和有限的时间，怎样进行合理的时间分配、实现时间利用的最大价值就成为了行长所面临的主要问题。

因此，行长需要学会运用“二八法则”对所有的事务进行一次详细的主次划分。认真分析，抓住主要的因素，按照事务的重要程度，合理地分配有限的时间，避免宝贵的时间过多地消耗在不必要的事情上，从而实现时间的高效管理。

首先，一位优秀的行长，应该熟练地应用“二八法则”来进行工作的主次之分。

在行长的工作过程中，总是避免不了一些大大小小的事务，在处理的过程中最忌讳的就是“眉毛胡子一把抓”。这样的工作方式，不仅浪费了时间，而且会导致工作效率下降，造成事事都做，但是事事都没有做好的结果。

怎样安排工作事务的有序进行，就需要对时间的管理进行最合理的分配。按照优先顺序把自己80%的主要时间和主要精力放在最重要、最能为银行发展带来效益的20%的事情上。剩余80%次要的事情在处理完主要事情之余的20%的时间内再进行处理。当然，也可以把这些相对容易的事务分配给下属员工来解决，一方面为行长争取了处理重大事务的时间，另一方面也可以给员工更多的锻炼机会。时间上的高效管理也进一步带动了人力资源的有效配置。

其次，要做时间的主人，而不是被时间所控制。

时间的意义在于人们操控它去完成有价值的事。但是在工作中，很多人却做了时间的奴隶，被时间所束缚。

以我的某些学员为例，他们经常向我抱怨自己的时间怎样怎样的少，怎样怎样的不够用，自己又怎样被时间搞得焦头烂额。这样的情况，就是典型的人与时间主仆位置的颠倒。在工作过程中，他们自身已经失去了主控权，反而被时间一路牵制着，时间为他们规划了一切。这种现象也极易让人产生疲惫感，工作的热情和积极性也会被逐渐磨灭。

要想实现时间的高效管理，首先就要明确自己的主人身份。自己是时间的操控者，怎样运用时间，怎样分配时间，怎样管理时间，这一系列的问题都要靠自己来掌控。只有挣脱时间的束缚，才能更有效地管理时间。

“二八法则”作为时间管理过程中十分重要的法则，在每一位优秀行长的成长之路上发挥着至关重要的作用。它可以帮助行长以最科学最合理的方式进行时间的高效管理，最大程度地实现时间的价值，为整个银行的发展创造更多的效益。

第二象限工作法

我在前文曾经提到过一位民生银行的行长，一个性格爽朗幽默却又心思缜密的东北爷们儿。他是一位十分优秀的行长，在日常的工作方面有着出色的表现，在时间的管理上也有着独特的见解。

为了我接下来的培训主题，我特地去拜访了这位旧相识，希望可以从他身上学习到更多的东西。刚见面时，这位行长依旧展现其幽默的一面，十分平易近人。寒暄了几句，我便直接道明了此次拜访的目的——如何才能更高效地利用时间。行长听后，思索了一会儿说了一句话："工作要讲究方法，要分清轻重缓急。"

后来，我们又针对在工作中如何分清轻重缓急谈了许久，各自表达了自己的看法，最终我们的观点达成一致，用"第二象限工作法"对工作的轻重缓急进行划分。

第二象限工作法是四象限工作法的其中一部分。四象限工作法主要是根据工作的轻重缓急来划分四象限的工作方法。

第一象限的工作是属于较为重要又急需的；第二象限的工作是重要但是不急的；第三象限的工作是紧急但是不重要的；第四象限的工作是既不紧急也不重要的。根据这种划分方法，四象限几乎涵盖了企业发展过程中所有的工作类型。

在这四类象限中，第一象限和第二象限是所有工作中最为重要的，区别仅仅在于第一象限的工作十分紧急，而第二象限的工作不是急需完成的。但是如果第二象限的工作没有按时完成，拖拉到最后的期限内。那么第二象限的工作就会升级为第一象限的工作，变成既重要又紧急的事情。这种由第二象限向第一象限工作类型的转变，在很大程度上会给工作人员造成很大的压力，工作任务也会变得更加繁重。

这也就是我的学员经常向我抱怨时间不够用、工作压力大的主要原因。第一象限的工作由于是紧急又十分重要的，总会得到工作人员的重视。但是第二象限的工作虽说也是十分重要的，但是由于不是急需解决的，就容易使人滋生惰性，面对工作，一拖再拖，最终导致第二象限的工作变成了既重要又紧急的工作。因此积极完成第二象限的工作就成了解决这一问题的关键所在。

作为银行网点的最高管理者，行长在处理日常的工作时应该把自己大部分的精力放在第二象限的工作上。即使工作不急需完成，也要提前做好准备，认真分析，合理地规划，做好全面的预防和准备工作，为第二象限的工作提前制定一项合理的时间安排，按照具体的时间规划，按时按量地进行。

第二象限工作的完成，在很大意义上使行长忙碌的工作实现了更大的价值，同时提高了行长的工作效率，很好地改善了以往处处急事、时时救急的混乱状况，为整个银行的正常运作营造了一个井然有序的工作环境。

时间ABC分类法

在我接触过的行长中，有一些十分优秀的行长，他们具有很强的综合素养，对时间管理有着十分丰富的经验，但是其中也不乏一些在时间管理方面有些许欠缺的行长。

我就认识这样一位行长，工作十分勤恳，具有极高的工作热情和责任心，与下属相处也十分融洽。每天的工作都是从早忙到晚，即使如此忙碌，却仍然没有为银行的发展带来更多的效益，甚至一些主要的事务延误了很久仍旧没有得到很好的解决。

这位行长为此也十分苦恼，对于他工作的积极性和责任心我们不否定，但是“苦劳”不等于“功劳”，由于没有做好时间管理而导致工作结果不甚理想，这绝不是一位优秀的行长该有的工作表现。

面对众多待处理的工作，没有依据科学的方法进行合理的划分，导致众多事务主次关系混乱。这种混乱关系又会进一步导致主要事务处理不及时的现象发生。

也就是说，在行长的日常工作中，有可能他花费大量的时间和精力去处理的事情只是一些不重要并且对银行发展起不关键作用的事情。而一些有利于银行发展的主要事务却没有得到行长的重视，以至于在某种程度上造成了行长日常工作秩序的混乱，阻碍了整个银行工作的正常运转。

要想改变这种现状，保证行长工作的有序进行，我给这位行长的意见是根据时间的ABC分类法对主、次工作进行合理的时间划分，从而实现行长工作时间的高效管理，提高其工作效率。

ABC分类法是由意大利经济学家维尔弗雷多·帕累托最早提出来的。后来经过不断的研究和推广，最终由彼得·德鲁克将其推广到社会的各个领域，在市场经济中被广泛地应用于企业提高效益的管理中。

ABC分类法全称为ABC分类库存控制法，是一种主次因素分析法。这种方法是根据同一领域内影响事物发展的因素的主要特征以及其自身价值，进行分类归纳，经过一系列仔细的分类，明确地划分出事物的主次关系。

这种清晰的分类方法，有利于及时地抓住关键因素，将其列为主要处理对象。这在很大程度上节省了时间，提高了工作效率，带来了经济效益。

对于银行行长而言，利用这种ABC分类法有利于其时间的规划与管理。上面提到的那位行长完全可以利用这种时间分类方法，在处理工作的过程中，将所有的工作按照价值的大小分成A、B、C三类。

A类事务是必须要完成的工作，在其所有的工作中占据十分重要的地位。这类工作能为银行的发展带来很好的效益，并且需要在短期内完成。一旦完成，将会产生很好的成效。这一类的工作就需要行长将其列为日常工作的首位，为其争取更多的时间，付诸更多的努力去完成。

B类事务相对于A类事务属于次要的地位，是行长工作中应该做的事，不具有关键价值，但是也具有一定的作用。这一类事没有A类事务那么重要，但是也是需要在一定期限内完成的。并且一旦这类事务工作进度缓慢，就有可能转换成A类事务。因此，行长在工作的过程中也要安排合理的时间来处理这一类事，以免增加A类事务的处理压力，造成整个工作流程的混乱。

C类事务是所有工作中价值最低的，在整个银行的发展过程中作用不大，并且有较长的工作期限。面对这一类事务也不要一味地推迟，因为一旦推迟，随着期限的临近，这类事务就有可能升级为A类或B类。对于这一类事务，行长应该提前规划好，不需要段时间内完成，但是要保证其持续地进行。这样才能确保这类事务按时按量地完成。

在行长的时间管理上利用这种ABC分类法，有利于行长主次事务的划分和时间的高效利用，在一定程度上提高了行长的工作效率，降低了工作压力，使整个工作的进展更加合理有序。

GTD时间管理法

我有一个朋友，也是一名银行培训师，给大大小小的银行网点做过许多的培训，对银行的业务和管理也相当熟悉。在一次交谈中，他给我讲了这么一个事例：一位民生银行网点的行长，学历很高，对银行的业务也十分熟悉，工作能力强。但是这位行长却仅仅在自己的岗位上工作了2年就被撤职了，原因是在这位行长任职期间出现了重大的工作疏忽，导致了银行的利益受到了严重的损害。

具体什么样的工作疏忽，我的这位朋友也没有具体讲。但是关于这位行长中途落马的原因，朋友一语道破：再高的学历，再勤奋的态度，如果没有一个正确的时间管理方法，他的工作终究会一片混乱。

正确的时间管理方法有很多，除了前文我们已经介绍的几种方法之外，朋友又向我推荐了一个，即GTD时间管理法。

GTD是目前最新、最有效的时间管理方法。GTD是一个具体的系统，具有极高的合理性和科学性，在具体的实施过程中完全具有可信任性。GTD的稳定性极强，采用GTD时间管理方法的人不应该也不需要随意变更。

GTD是Get Things Done的缩写，它在工作人员处理事务的时候还起着一定的警醒作用。

从银行行长的角度而言，日常的工作十分繁多。很多时候时间匹配的不均匀就会导致大部分的时间都用在一些不重要的事情上，而一些重要的事务还没有来得及处理。这件事情还没处理完，心里又开始惦记着怎样去处理下一件事。有时候一件事情没有完成，就会导致一系列其他的事做不好，长此以往就会形成恶性循环。

正是由于在工作过程中这种现象的产生，行长才需要GTD时间管理法来时刻警醒自己，促使自己更加合理地分配和管理时间。

GTD有固定的工作过程，主要内容包括收集、整理、组织、回顾和执行五个环节。这五个环节在很大程度上相互联系、相互影响，共同作用，为整个时间管理工作的进行打造一个完整的流程。

首先，收集。

对于行长而言，在日常的工作过程中，要将自己随时想到的事情都放在inbox里，突然想到的想法，突然闪现的创意都可以放在自己的收集箱里。但是inbox的数量不能太多，要有一定的数量控制。因为一旦数量过多，又会陷入一个新的混乱中，不利于时间的安排和事件的处理。

其次，整理。

整理主要是对inbox里信息的处理，inbox是事件的收集箱。在这个收集箱里，要分析出哪些是急需要办的重要事件，哪些是不急却十分重要的事件，哪些是不急也不重要的事件。把这些在inbox收集到的信息进行有效的整理，划分出事件的重要程度和急需程度，掌握住自身的工作频率。

再次，组织。

在GTD里组织的概念实际上就是档案构建和工作清单。

一些急需待办的事件和在短期内需要完成的工作，都要出现在工作清单里。工作清单在工作的过程中有利于管理者了解工作的进度，督促工作的进程。

档案的构建主要是容纳所有的工作指令和有用的资料以及信息。我们这里所说的档案实际上就是电子信息的档案，这种电子档案的建立，十分便捷快速，有利于节省时间，同时查找起来也十分方便。

然后，回顾。

回顾也是整个GTD时间管理过程中十分重要的一个环节。在一个月或一周的工作之后，对工作内容进行回顾整理。一方面可以检查自己的工作是否按时按量完成，另一方面也可以根据具体的工作进程制定接下来的新的工作计划。这一环节有利于整个工作清单的更新和工作计划的顺利进行。

最后，执行。

整个GTD时间管理过程中最为关键的环节就是执行。执行是整个时间规划的具体实施，一系列的工作清单和工作计划在经过合理的安排后，其最终的意义就要在执行这一环节实现。

GTD时间管理法就是让管理者在最短的时间内有序地完成更多的工作。这种方法的采用，有助于行长工作计划的顺利进行，从而更好地提高工作效率，最大限度地发挥时间的有效价值，提高时间的利用率，为整个银行的发展创造更多的效益。

5. 行长的时间管理应用

面对有限的工作时间，高效的时间管理对行长日常工作的有序进行发挥着十分积极的作用。

计划管理

很多人都喜欢制订计划，小到一年级的小学生制订的学习计划，大到银行行长制订的工作计划。我经常对我的学员说："做事一定要赶早不赶晚，提前做好计划、做好准备，肯定是有益无害的。"

从我的职业角度来看，计划对于很多行长和工作人员而言，是一种对未完成工作的规划，也是对自身工作进程的督促。工作计划的制定在很大程度上有利于整体工作的有序进行，有利于不断提高工作效率。

但是，也有一些人在日常的工作过程中没有制订合理的工作计划，或是对制订的工作计划没有进行具体的实施和管理，导致自身的工作长期处在一种混乱无序的状态，影响了工作的进度，造成了所在单位的利益损害。特别是针对一些机构的中高层管理者，工作计划的意义显得尤为重要。管理者工作计划的制订和管理，不仅影响着自身的工作进度和整个机构的正常运作，还对企业的整体发展有着至关重要的作用。

我就认识工作成果截然不同的行长。我姑且把他们称为A行长和B行长。这两位行长都是我在培训课堂上认识的。当时没有太多的交谈，但是后来有一次我接到A行长的邀请，约我在一起闲谈。在我们交谈之后，我才了解到A行长的工作现状和他当前的困扰。

A行长是一位做事风风火火的人，日常工作十分忙碌。很多事都要亲自去做才能解决。更多时候A行长更像一个消防员，每天都要赶到各个部门去救火。这个部门有急事就到这个部门，那个部门有急事就到那个部门。长期以来，不仅使得自身很疲惫，还让下属员工倍感忙碌。这也在很大程度上导致了银行整体工作秩序的混乱，严重影响了整个银行的正常发展。

面对这种状况，A行长一度以为是因为人手不够，甚至大张旗鼓招兵买马，可是结果仍不乐观。

其实，A行长在工作中出现这种状况的主要原因并不是人员的问题，而是A行长没有制订一个清晰合理的工作计划。一个没有工作计划的行长，他的工作状态自然慌乱，工作起来经常找不到头绪，东一头西一头地赶场救火。工作看起来忙碌，其实没有显著的工作成效。导致整个银行的发展也十分缓慢，甚至原地踏步、停滞不前。

相对于A行长，B行长就显得悠闲平静许多，工作处理的井井有条。后来经过了解才知道B行长是一个计划性十分强的人。在他的工作中制订了一份相当系统的工作计划，所有的工作都按照计划有条不紊地进行，这样不仅提高了工作效率，工作时间也显得充裕。整个银行的工作氛围轻松愉悦，下属员工的工作热情和积极性也得到了充分的调动。

从A、B两位行长的工作状况，我们可以清晰地看到计划管理的重要性，对行长自身素养的提升和整个银行的发展有着不可或缺的作用。

行长作为整个银行工作的指向标，统领着整个银行的工作进程。一份合理的工作计划对银行工作的运转有着十分重要的作用。有计划的行长在整体工作的进行过程中，给下属员工一个明确的工作指令，该做什么，不该做什么都有着明确的计划。

计划的制订和管理实际上就是对工作时间的调度，是一种对时间的高效管理。计划的制定在很大程度上使工作进行的更加稳定，降低了工作的变动性，保证了工作的顺利完成。对于银行的长远发展而言，行长的时间管理计划也是对银行未来发展的一种规划。在一步一步的实施过程中，时间的高效管理，起着一种时刻提醒和指引的作用，能为银行的长远发展制定一份宏伟蓝图。

应酬时间管理

如今，人与人之间的社交应酬已经成为了企业之间交流与合作必不可少的重要环节，它在很大程度上维系着合作者之间的联系。对于银行的发展而言，行长的公关能力是优秀行长为银行谋求发展必不可少的能力之一。

银行在发展的过程中，要与银行客户和政府联系。作为一名优秀的行长，在短时间内处理好与银行客户及政府的关系是至关重要的。行长和政府、客户之间维系着一种良好的关系，有益于银行业务的拓展。在日益激烈的市场竞争中，这种关系的维系，给银行工作的正常运转提供了诸多方便。

客户是银行发展的衣食父母，政府是银行发展的主要支柱。行长作为整个银行网点的最高领导层，只有处理好与两者之间的关系，才能为银行的发展寻找更多的机会。

虽然行长的社交应酬工作必不可少，但是，这毕竟是整个银行发展过程中的一个环节，不能占用行长太多的时间。

实际情况并非完全如此，我认识一位民生银行的行长，他曾向我诉苦平常的应酬太多。有他主动联系别人的，也有别人主动联系他的。大多应酬是不能避免或不能拒绝的。但是太多的应酬不仅占用了很多的时间，也造成了行长身心的疲惫，使得工作状态一直处在十分劳累中，工作进度也受到了很大的影响，整体效率也明显降低了。

怎样改善这种状况，既能保证社交应酬健康有度，又能保证工作进度有序进行。这就需要行长对应酬的时间进行合理有序的管理。这里就分享一下我总结的一些应酬时间管理的技巧。

第一，选择合适的应酬时间段。

一个合适的应酬时间段在很多时候不仅能够节省许多时间，而且能够起到事半功倍的效果。

中午时间就是相当不错的应酬时间。中午时间处在上午工作的结束和下午工作开始的衔接处。工作了一上午，利用中午的休息时间进行简单的应酬是十分合适的。另外，中午时间相对较短，对于行长与客户或政府之间的商务应酬更加容易达成共识，应酬内容也更加简洁明确。选择中午时间进行应酬，在很大程度上也减少了行长晚上的应酬时间，为自己争取了更多的私人休息时间，有益于接下来工作效率的提升。

第二，选择合适的参加人员。

中国人喜欢热闹，认为应酬时人越多越好。但是太多人参加的应酬只适合一些非商业性的聚会，对于银行这种商务应酬，太多的人参加反而会影响交谈的质量和最终合作的达成。

行长在安排参加应酬的人员时，应该选择一些公关能力较强的。因为这种商务应酬，人不在于“多”，而在于“精”。公关能力强的人能够更快地达成协议，节省更多的时间，同时少量人员的参加不会显得场面混乱，有利于整个洽谈氛围的形成——商务又不失轻松。

第三，提前做好各项准备。

这里所说的准备是指提前预定应酬的场所、提前看好路线、提前通知客人。如果是一些饭局的话，提前定好菜品。针对菜品，应该选择一些精致特色的菜式，按照人员的多少安排合适的份量。避免过度铺张浪费或是菜量不够的尴尬。

做好这些准备，不仅能够促进整个应酬的顺利进行，而且能够以最短的时间达成最佳的效果。

第四，有选择的应酬。

作为一名行长，如果所有的应酬都参加的话，恐怕就没有时间完成其他的工作了。所以有选择地参加应酬绝对是明智之举。

在选择的过程中，一些重要的难得的应酬机会自然是不能拒绝的。对于一些无关紧要的应酬要以委婉的方式拒绝，既不能伤害对方的盛情邀请，又不能破坏双方的关系，这也是行长公关能力的具体表现。

行长在进行应酬之前，要对所需的时间进行合理的规划，同时依据上述四个小技巧避免不必要的时间浪费。应酬时间的管理不仅是行长综合能力的表现，也是行长工作时间管理的具体应用。合理的应酬时间管理，能够提升行长的工作效率，为银行带来更多的效益。

会议时间管理

相信很多人都会有这种感受：怎么又开会？领导发言怎么这么多？什么时候会议才能结束？开会好无聊啊！很多上班族都会有这样的抱怨，面对越开越冗长、越开越频繁的会议，很多工作人员表示很反感却又很无奈。

我的很多学员也向我反映过这种现象，行长总是隔三差五地开会，内容有时都是一些无关紧要的事情。这种毫无意义的会议不仅耽误了正常的工作时间，而且消耗了员工的工作激情，并对于银行的发展毫无益处。

针对这一现象，我曾和一位农业银行网点的行长进行过深入讨论。谈及这个问题，这位行长也深表无奈，他表示有些会议虽说没有实质性的意义，但是也是银行运转的环节之一，有些是根据银行的规章制度进行的例会，有些是上级领导层规定的会议，这些会议在很多时候是无法避免的。

既然有些会议是无法避免的，那么怎样把这些会议打造成一个时间短、成效高的会议，就成为了许多银行行长需要好好思索的问题。

从我的工作经验来分析，要把银行的日常会议打造成精品会议，最重要的就是合理地安排会议的时间，对于会议进行科学的时间管理和提前计划。在会议开始前期，行长要作一份全面合理的时间规划，以保证各项会议在最短的时间内达到最为有效的结果。既履行了行长的义务，又通过会议给整个银行的工作作出最为合理的分配。

第一，最大限度地缩短会议时间。

会议时间过长是所有参会员工最为苦恼、也是最为反感的。特别是一些没有涉及具体的工作内容，完全是一些银行纲领性的会议。大多数的员工在这样的会议之中，处在一种神游状态。表面上在认真听领导的发言，实际上思维早已不在会议之中。

有时候没有实质意义的会议会一开一上午或者一整天，这种长时间的会议不仅影响了正常的工作，而且还增加了员工对会议的反感。

针对这一现象，行长就需要最大限度地缩短会议时间，尽量把会议内容安排得合理紧凑。在最短的时间内，向下属员工传达最精要的会议中心思想。降低银行员工的会议压力，同时给行长自身减少了工作负担，这样的短时间的会议，有利于包括行长在内的整个银行员工工作效率的提高。

第二，制定明确的会议中心思想。

对于会议，一个明确的中心内容的制定在很大程度上可以节省很多的会议时间。有了中心思想，行长可以围绕着中心内容展开整个会议。会议的各个环节都以阐述中心思想为主，有方向、有目标地对会议内容进行展开。

这样明确的会议内容可以节省很多的会议时间，因此，行长在会议开始之前，就需要提前提炼出会议的中心思想，为整个会议的开展制定一个主要的方向。

第三，保证会议准时开始。

很多的领导在开会的时候，有时为了显示自己的领导地位，会故意迟到几分钟或是推迟会议的时间。当然有时也的确是因为一些工作的耽误不得不推迟会议的开始时间。但是无论是何种原因，不能准时开始会议对于整个会议的正常进行有着极其不好的影响。

保证会议的准时开始是整个会议正常进行的良好开端，行长在会议之前一定要安排好自身的工作，确保不耽误会议的准时开始。这样不仅可以节省会议的时间，还能给下属员工起到带头的作用，警醒员工的时间观念，对于银行工作效率的提升有着积极的作用。

会议是整个银行运转过程中必不可少的一个环节，但是会议时间的科学管理是整个会议质量提升的关键，也是银行网点行长时间管理的具体表现之一。行长就需要根据具体的情况按照以上几点进行会议的开展，提高会议的质量，提升会议的正面作用，为整个银行发展做好铺垫。

决策时间管理

做出好的决策是一位领导综合能力的具体体现。对于银行行长而言，拥有良好的决策能力对整个银行的正常运转起着十分重要的作用。

重要的决策，其最终的形成是时间积累的过程。在这一过程中对时间的把握影响着决策的最终执行与成效。

我认识这样一位银行行长，他有着很强的工作能力，处理日常的工作事务时，总是表现的十分出色。但是，相对于处理日常工作的果断，其在做重要决策时，则表现得犹豫不决。以至于许多决策都经历了十分漫长的时间，决策所起到的效果已经没有预想的显著。

后来，这位行长对我说，他之所以需要很长的时间进行决策，主要是考虑了方方面面的因素，思前想后，因此消耗了太多的时间。

其实，这位行长所考虑的也是一项重大决策形成所必需的因素之一，但是占用太多的时间反复思考，反而不利于决策的形成。同时，决策具有显著的时效性，也就是说一般的决策都是针对银行出现的具体问题进行制定的，对于问题的解决具有时效性。因此，如果耗用太多的时间，对于问题的解决就会有很大的负面影响，对整个银行的正常发展也会有一定的阻碍作用。

因此，在做决策时，行长需要对决策的时间进行合理的管理与规划，对决策形成的整个过程中的各环节进行科学的时间分配。

第一，对决策所针对问题的具体分析。

决策在很多时候是解决具体问题的方法，因此，为了节省决策形成的时间，在决策之前要对所遇问题进行具体全面的分析。

所谓的具体问题具体对待，就是告诫决策者一定要针对具体问题的成因，进行具体解决方案的制定。遇到问题，一定要客观地分析，为接下来应对决策的制定提供全面的信息与资料，从而缩短整个决策形成的时间。

第二，为决策的好坏制定一个标准。

什么是好的决策？对于银行而言，有利于银行发展的决策才是好的决策。有时一个决策是可以有效地解决银行发展所遇的问题的，但是有时一个决策却只是对问题的妥协，并没有具体解决问题的效应。

这样的状况就需要行长为决策的形成制定一个标准，分清这一决策到底是问题的解决者还是妥协者，确保决策的优质性，并且能够顺利进行。

第三，一个好的决策需要多个备选方案。

任何一个决策都不能确保其具有绝对的准确性，因此面对问题时，在一项主要决策的制定后还要制定出多个备选方案，为意外情况的出现做好充足的准备。

在银行的发展过程中，面对起伏不定的金融环境，许多新问题、新情况的出现都是不可预知的。因此在制定决策时，行长要全面客观地分析问题、假设问题，为问题的解决制定多种备选方案，确保银行顺利渡过难关。

第四，保证决策顺利地落实与执行。

决策的制定最终要落实到具体的执行中，决策的作用与意义也是在执行中实现的。

这一环节的具体实施，要依靠行长的执行力。我也曾见到过一些行长，他们对问题的分析十分全面，对决策的制定也精准利落。但是就是在具体的实施环节拖泥带水，以种种理由推迟决策的实施，延长了整个决策实施的时间，导致了问题的严重化，对银行发展也产生了不良影响。

面对这样的现象，就需要依靠行长的执行力，确保决策在最短的时间内落实到具体的工作中，及时解决问题，为银行的发展扫清障碍。

在决策最初的形成和最后的实施过程中，都需要在最短的时间内以最高的效率保证各个环节的顺利进行，为问题的解决制定最快最有效的决策。

日常事务流程管理

行长作为银行网点的最高管理者，处理着银行日常工作中的种种事务。这些日常事务的处理，占据着行长大部分的工作时间。因此这部分时间的管理是否得当，直接影响着行长的办公效率和整个银行的正常运转。

一名优秀的行长，在其日常工作中，事务的处理都按照一定的流程有序地进行。但是我在工作中了解到一些行长还存在着日常事务处理不恰当的问题。出现这些问题的主要原因就是对工作流程的管理不合理。

工作流程主要是指日常工作的操作顺序，是各个环节完成顺序的具体呈现。在日常的工作过程中，对工作环节、步骤、程序的掌控，有利于整体工作的顺利进行和工作效率的全面提升。

行长对于日常事务流程的管理实际上也是对其工作时间的管理。在处理日常事务的过程中，对事务各个环节所需时间的合理调控，在很大程度上反映出了一位优秀行长对工作时间的整体管理能力。这种对工作流程时间的管理，如果能够达到一种合理有序的状态，将能够节省出很多的时间，提升银行工作的整体效率，为银行的发展争取更多的有效时间和更加高效的工作品质。

行长在工作的过程中，要想对日常事务流程进行合理的管理和掌控，就需要注意以下几方面：

首先，分清事务的主次，为不同的工作分配合理的时间。

在行长的工作过程中，面对的事务众多，但是，这众多的事务在处理的过程中，也需分清其主次地位。主要的事务是对银行发展有重要作用的，在处理的过程中花费的时间自然也相对较多。一些次要的事务，相对来说其对银行发挥的作用不是很大，那么在处理的过程中对这一部分事务时间的分配也要相对少些。

这种根据不同事务主次所进行的时间分配，具有一定的合理性。并且能够最大限度地节省时间、利用时间。用有限的时间，为银行打造更多的发展平台，谋取更多的产业利益，为银行的长远发展奠定坚实的基础。

其次，合理地规划日常事务的处理流程。

面对繁多的工作，一份合理全面的工作计划，对行长而言是十分重要的。

给众多的工作事务制订一份计划表，是行长日常事务管理过程中必不可少的。这份计划表不需要十分详细，但是一定要客观全面。这是根据工作的发展趋势和预定的工作进度来制订的，具有显著的科学性和合理性，符合整体工作的发展规律。

行长在进行事务处理之前，制订计划表是其工作的前提。根据工作计划的合理规划，有序地进行众多事务的处理，避免时间浪费，提高整体的工作效率。

最后，在事务完成后进行详细的反馈工作。

这一环节主要是对完成事务的总结和反馈，详细地总结事务发展的过程和影响要素，积累宝贵的处事经验，为后续事务的处理提供可参考的资料。从而促进处理事务的速度和效率不断提升。

事务的反馈工作并不是行长工作过程中可有可无的，它是工作经验总结的重要环节，很多行长在工作的过程中不善于对工作进行反馈，从而导致了工作经验的缺失。要想在工作的过程中保证各项事务顺利进行，就必须积极地进行工作经验的总结和反馈，为日常事务的流程管理提供可以借鉴的依据。

行长对日常事务流程的科学管理，在很大程度上影响着银行工作的整体运行。以上几点是我从工作中总结出来的，行长在进行具体的工作流程管理时，要根据自身的实际情况，进行合理的工作安排，提高银行整体的工作效率。

6. 行长的职业生涯规划

合理长远的职业生涯规划，能够为行长的职业发展指出正确的方向，促进具体工作的有效进行。

抛出“职业锚”

锚是船只停泊时一个必不可少的工具，抛出去的锚能够很好地稳定船只，使其能够顺利停靠在港湾。

所谓的职业锚就是从船锚的这一特性升华得来的。职业锚是人在选择职业的过程中决定其最终选择结果的关键所在。它是指一个人在选择职业的过程中，面对多重选择作出最终决定时，始终都不会抛弃的价值观和思想临界点。

职业锚是职场人自我意识的一种体现。在一份工作的前期，由于各种因素的影响，人的工作情绪还不稳定，工作习惯也还没有形成，因此会面临众多的动荡和不安。在这样的情况下，就需要职场人抛出

“职业锚”，以一种极为稳固的形式为自身做出最为合理、最符合自己内心真实想法的职业定位。

很多时候，职业锚并不是职场人自带的一种特性。它是根据长时间的工作经历，在工作的过程中，职场人自然就会为自身比较擅长的工作领域作出清晰的划分。根据自身的工作能力、工作喜好和自身的职场规划，形成更适合自身发展的“职业锚”。

职业锚是职场人在职业生涯中必不可少的重要因素。我很喜欢把银行比作一艘行驶在金融大海中的船，而行长自然就是这艘大船的船长。我的一位行长朋友也很喜欢我的这个比喻。我笑称他掌握着整艘船的“生杀大权”，而他却回应：“我只是遵循着自己的职业锚，该抛出时就抛出。”

行长的“职业锚”所体现的个人意识并不是一成不变的，它根据银行的发展适时地做着调整与变化。在当下变化莫测的金融界，风险与机遇显然是并存的，怎样在这样起伏不定的环境中降低风险、抓住发展机遇？这就需要行长根据具体的发展状况，规划自身的“职业锚”，在合适的时候抛出，为银行在动荡不安的金融环境中寻找一个稳定点，创造一个相对有利的发展环境。

此外，行长的“职业锚”是其通过多年的工作经验积累总结出来的，在工作的过程中，通过对工作经验的不断总结与整理，增强自身的工作能力和处事效率。自身的工作技能也在工作中不断地提升与增强，自我价值也得到了一定的升华。

同时，行长的“职业锚”也为其后期工作的顺利进行奠定了坚实的基础。行长的“职业锚”具有显著的前瞻性，其自身的性质对银行的长远发展有着显著的推动作用。“职业锚”的前瞻性，有利于行长在银行发展的过程中，一旦遭遇到迷茫期，能够迅速地认清前方的发展方向，避免银行运作紊乱状况的发生。

在行长的职业生涯中，“职业锚”就是其工作和人生价值观的一种结合。在工作的过程中，选择合适的时机，准确地抛出“职业锚”，是自身职业生涯规划中的重要部分，也是促进银行快速发展必不可少的利器。

规划很重要，实践更重要

作为银行培训师，我经常跟学员说这样一句话：“说到不如做到。”这也是我的师长以前经常叮嘱我的。时隔多年，这句话至今仍鞭策着我积极落实自己的每一项工作计划和工作任务。

“说到不如做到”，实际上就是告诉我们在工作中规划很重要，实践更加重要。在当代职场人的日常工作过程中，面对众多的工作任务，制定一项详细的计划有利于工作任务的有序进行。但是，倘若只有规划而不去具体实施，那么再好的计划也成为了一句空话，毫无意义可言。

实践是实现规划的意义所在，是所有工作计划具体化的有形呈现。面对繁杂的工作，只有将工作规划付诸到具体的实践中，才能真正地实现其价值。

我曾和一位同为银行培训师的朋友交谈，在谈及规划和实践这一话题时，他向我讲述了一位他曾接触过的行长的事情。

在朋友的描述中，我得知这位行长是一位心思缜密的管理者，在工作过程中特别细致，尤其是面对繁多的工作，能够在短时间内迅速地制订出一套详细有序的工作计划。这样合理的规划在银行发展过程中是不可缺少的，但是这位行长却因为这样的规划而最终“落马”了。

这位行长“落马”的原因并不是工作计划做得不够好，而是由于其后期并没有具体地去实践它们，使得这些工作规划都成了文件袋里死板的文字，没有任何的现实意义，整个银行的工作也因此出现了严重的漏洞。

再好的工作计划，如果没有具体落实下来，那也只是一纸空谈，对整个银行的正常运转也必将产生消极的影响。从这位“落马”行长的身上，我们就可以十分清晰地看到，在工作的过程中实践的重要性。

听到这个案例，相信每个人都会有或多或少的感触。因为对于每个人而言，不论是在生活中，还是在工作中，都会有制定好了计划，而没有去具体实施的经历。也正是这种只规划不实践的坏习惯，严重阻碍了我们的工作进程，限制了我们的职业前程。特别是对于银行行长这种在银行的发展过程中发挥着重要作用的管理者，他们的工作规划是一切工作的开始，而实践则是让这些规划实现其意义的关键。

要保证银行工作的正常运转，就需要行长在制定出科学合理的工作规划的前提下，认真地将这些规划落实在实践中，以具体行动实现这些工作规划的价值。

实现能力与规划“螺旋上升”

在我接触过的银行工作人员中，许多人的最大愿望就是希望自己的工作在短时间内出现质的飞跃，能有很大的提升，但是结果却往往不尽人意。

我所接触过的学员中，有的人会出现这样的情况：为了提升工作业绩，努力地工作，加班加点，工作很快在短时间内出现了提升。但是这种提升却是十分短暂的，因为在经过了短时间的提升后，工作效率又跌回到了原先的状态，有时甚至还大不如前。

许多银行人员曾向我反映过这种现象，为此他们也十分烦恼，自己明明付出了全部努力，可是最终结果却往往很不理想。他们也因此逐渐丧失了工作的积极性，产生了消极情绪，工作效率明显下降。

针对这一问题，我专门去拜访了一家农业银行的行长。刚一谈及这个话题，这位行长也表现出了同样的沮丧。他随即向我倾诉了他的烦恼，原来这位行长也陷入了追求短时间内快速提升工作能力的泥潭中。我忽然也明白了他的下属员工也出现这种状况的原因所在。

在经过长时间的交谈后，我得知这位行长是一位十分急于求成的领导。当然，他的出发点是好的，他想在短时间内为银行创造更多的效益，促进银行更快速地发展。但是他太过于心急，想在短时间内迅

速地获得成功，这样十分不利于自身能力的提升。

关于其下属员工出现的问题，我也跟这位行长进行了讨论。他说他并没有给下属员工下达任何超额的工作指标，一切都是按照他们正常的工作来进行的。至于怎么会出现这样的状况，他也十分困惑。

其实作为一个旁观者，这里面的因果关系，我已经分析得十分清楚。这位行长是一位十分要强的行长，在工作的过程中不断地给自己施加压力，想创造更多的效益。虽然他没有给员工施加任何压力，但是他的这种紧迫感，已经深深地影响到了员工，使得整个银行上下都处在一种急于求成的状态之中。

实际上，这种心态是不利于自身能力的提升的，从这位行长的事例中，我们也能清晰地感受到。在工作的过程中，急于求成绝对不是成功之路上的正确心态。想要真正地取得成功，就必须实现能力与规划的“螺旋上升”。

“螺旋上升”并不是人们经常追求的直线快速地上升，它是一种循序渐进的发展模式。对于行长而言，他的提升方式，直接影响着整个银行员工的工作方式，因此行长在选择自我提升方式的时候一定要选择最为合理的方式。而能力与规划的“螺旋上升”方式就是一种十分科学的发展方式。

在行长的职业生涯中，自身能力的提升和工作规划的实施都是一种日积月累的过程。在工作的过程中，自我消化和梳理就是一种积累的体现。只有将自身的能力和经验积累到一定程度才能获得一次提升。而下一次的提升则就需要一定的时间慢慢实现。短时间快速实现并不符合可持续发展的具体要求。

这一提升过程，对于一些急于求成的行长而言可能是十分漫长的，但是经过这一段时间的磨砺，其能力和职业规划就会获得一个新的提升。这种“螺旋上升”的方式，是行长职业生涯中必不可少的，也是实现其能力上升的有效途径。

Chapter2

沟通修炼：沟通质量决定工作质量

在银行的发展过程中，行长与各个层面人员的沟通交流是行长工作顺利进行的基础。合理有效的沟通，有助于行长对银行工作的全面掌握和具体了解，同时对于策略的确定和问题的解决也发挥着十分积极的作用。

1. 管理为什么“沟”而不“通”

沟通是人与人之间增加感情的一种必不可少的方式。在职场中，任何一家企业的领导都会把与员工沟通作为其日常工作必不可少的一部分。

就我自身而言，沟通就是我工作的主要方式。优质的沟通，将会带来很好的效果，同时能够帮助学员更好地提升自我。

在我接触过的众多银行人员中，有一位银行行长曾给我留下了深刻的印象。初次见面时，这位行长看上去似乎忧心忡忡，在经过了长时间的交谈后，我才了解到这位行长眉头紧锁的原因所在——与员工的沟通出现了问题。

这位行长向我倾诉，他深知与员工沟通对于银行日常工作正常运作的重要性，因此，他经常性地会与一些员工进行沟通。但是结果却往往不尽人意，很多次的沟通都没有达到他预期的效果，有时员工会表现出很大的抵触情绪，工作效率也受到了影响。这样的状况，让这位行长十分地苦恼。

像这样沟而不通的现象，让许多有相似经历的行长都苦恼不已。我根据多年的工作经验和自身的沟通经历，总结出了几条沟而不通的原因：

第一，沟通过于频繁。

据我了解，许多行长都认为沟通越多越有利于与下属建立关系。其实，这是一个沟通误区。

适度的沟通，对于行长与下属员工之间关系的维护是有好处的，但是，一旦沟通过于频繁就会让员工在心里犯嘀咕：是我最近表现不好吗？老板要炒我鱿鱼吗？是不是又要让我加班？久而久之，员工就会产生一种抵触心理，甚至会觉得行长是在故意找自己的麻烦。因此在沟通的过程中，无论行长说什么，他也就听不进去，敷衍了事。

这也是行长在多次沟通之后，不但没有增进与员工的关系，反而影响了员工工作积极性的关键所在。因此，行长在以后的沟通中，一定要把握一个度。沟通的次数不在多，而在于沟通的质量。

第二，带有情绪的沟通。

相信很多人都会有这种感觉，一个人高兴的时候说的话和不高兴的时候说的话，二者的效果是截然不同的。即使是相同的一句话，由于当时的情绪不同，说出来的语气和效果也会有很大的不同。

所以，行长在与下属员工沟通时，一定不能受自己的情绪影响，或者干脆只选择在自己情绪好的时候与员工沟通，这样就不会让员工感觉你是一个情绪化的领导，沟通效果也会有明显改善。

第三，爱摆领导的架子。

许多与员工沟通不畅的行长，大多都有这样的特点，那就是爱摆自己的“官”架子。无论什么时候，都要表现出自己的领导身份。他们认为只有这样才能给予员工以威慑感，让他们听从于自己。

实际上，这种领导架子在沟通的过程中，是员工十分排斥的。沟通本身就是加强双方情感的过程，谈话的基调是建立在轻松、自然的气氛中。如果行长一直强调双方地位的悬殊，只会让员工心生厌恶，沟通的效果自然不会好。

而对这样的状况，行长只需要放下架子，双方平等地进行交流与沟通，自然会收到意想不到的效果。亲和力，是行长与下属员工沟通过程中必不可少的，也是在沟通中能让员工放下戒备、敞开心胸的关键。

第四，不给员工表达的机会。

沟通是双方共同参与的事，是双方交换想法和意见的过程。但是有些行长在沟通的过程中紧抓着话语权不放，不给员工说话的机会。一次沟通下来，基本都是行长说话，这样的沟通是极其失败的。

要想通过沟通了解员工的真实想法，行长就要给员工足够的话语权，学会倾听员工的真实想法。只有员工敞开心扉愿意去说，行长才能接收到员工心里的所想和所盼。通过这样的沟通，才能达到沟通的目的。

以上这几条，都是我工作经验总结所得。一次优质的沟通，需要行长从各个方面进行考虑和深思。改掉自身在沟通上的弊端，才能从根本上打造一次高品质的沟通。

2. 沟通的三个环节

关于沟通的问题，关注度最高的还是领导层。因为大多数的沟通都是领导主动发起的，员工主动找领导沟通的很少。在沟通的过程中，领导掌握着沟通的主动权。对于行长而言，怎样让沟通顺利进行，达到预期的效果，就是他们十分关注的问题。

我也与一些行长深入讨论过这个问题。我们讨论的焦点主要围绕着沟通有哪些必不可少的环节。沟通并不是一件信手拈来的事情，它需要经过慎重的考虑和构思，要想收获好的沟通效果，行长是要提前做好准备的。

在我们长时间的讨论之后，我总结出了沟通的三个必要的环节：

（1）表达。

在沟通中，行长往往是整个话题的开启者。站在行长的角度，怎样表达，何时表达，表达什么，将决定着一场沟通的基调。

行长的表达内容和方式，决定着谈话的进展。一场优质的沟通，是让员工完全放松、吐露心声的过程。因此，行长在表达的过程中要十分注重技巧，以一些引导性的语言使得员工放下戒备，表达自己的想法。这样的沟通才是真正意义上的优质沟通。

我在给某地民生银行做培训时，结识了那里的行长。在我们的交流中我就见识了他高超的沟通技巧。他所说的语言，润色得十分恰当，意思表达得也十分清晰，听的人也能够有心去思考。这就是十分优质的沟通。

后来这位行长也表述了他在沟通方面的看法，让我更加钦佩。这位行长认为在沟通的过程中千万不要以自己的地位去压制员工，双方首先要建立一个平等的交流环境。其次，在表达的过程中一定要用最为精悍的语言清晰地表达出自己的意思，让对方领会到你的意思，这样沟通就成功了一半。最后一定要注意说话语气，一个人的语气代表着这个人的真实想法。不要让你的语气毁了一场沟通。

（2）倾听。

沟通是双方的事情，是不同意见与想法的交流与整合。因此，在一场沟通过程中，行长不仅要学会表达，更重要的是学会倾听。

倾听是尊重对方的一种表现，也是整个沟通过程中十分关键的一个环节。行长与员工的沟通，主要就是为了更好地了解员工的工作状况。因此倾听员工的真实想法就是行长进行沟通的主要目的。

在倾听的过程中，行长要表现出认真的状态。这样的状态，有利于获得员工的信任，激发员工主动表达的欲望。同时要站在员工的立场，以最快的速度理解员工所表达的意思，积极思考，并且认真回应员工所提出来的困惑。这样才是一位合格的倾听者的表现，有利于整个沟通过程的顺利进行。

（3）反馈。

这里所说的反馈，实际上就是在对方在表达时，所给予的回应。在对方表达的过程中，给予适当的回应和肯定，是对对方的一种肯定，激励对方继续积极地表达。

有一位行长曾向我讲述了他认为最为无奈的一次沟通：有一位刚入职不久的年轻女员工，是刚毕业不久的大学生，十分腼腆。有一次，这位员工在工作中出现了问题，于是便找她前来沟通一下。可是这个女孩在整个过程中一直沉默不语，甚至低着头抽泣起来。最后这场沟通也便无疾而终。

这位行长说，他当时并没有要批评这位员工的意思，只是想一起探讨这个问题。毕竟是个新人，需要多提点，本来准备了许多的改善方式想告诉她。可谁知道这位员工竟然在他表达的时候一点反馈都没有，整个谈话成了行长一个人的独角戏。最后该说的什么也没说，不仅浪费了时间，双方的工作情绪都受到了影响。

无论是员工还是行长，在沟通的过程中都要给予对方一定的回应，这样谈话才能顺利继续下去。如果只是让一方不停地说，另一方没有一点反馈，那么这样的沟通注定会失败。

以上是行长在与下属员工沟通的过程中需要注意的三个环节，每个环节都要认真地对待。这样才能通过沟通更好地了解员工，更有效地解决问题。

3. 有效沟通环节之一——表达

表达是阐述自我观点的过程，正确地表达对于上下级之间沟通交流的有效进行是十分关键的。

向谁表达：沟通对象分析

俗话说："知己知彼，百战不殆。"这句话是古人在战争中呈现出来的智慧，所表达的意思就是了解自身和对方的状况，才能在战争中取得胜利。

虽然说这句话是古人在战争方面总结出来的经验，但是其所阐述的道理却能运用在当代社会的各方各面，对于我们讨论的"沟通"话题同样适用。

之所以说这句话适用于沟通中，主要是因为在沟通的过程中，如果想要获得较好的效果，就一定要提前了解要沟通的对象，对所要沟通的对象进行全面客观的分析。在这样的前提下，给沟通对象设定一个准确的定位，有利于在接下来的沟通中寻找合适的沟通焦点，使得交流气氛更加融洽，交流过程更加顺利。

每个人都有自己独特的个性，因其性格上的不同，沟通方式自然也不相同。面对不同类型的员工，行长所采用的沟通策略也应是不同的。所谓的“对症下药”，表达的就是这个意思。因此，行长在与员工沟通之前，首先要对沟通的员工进行全面的分析。了解其性格特征，采取对应的策略进行有效的沟通。

针对沟通对象类型的分析问题，我特地邀请了几位业内的好友进行谈论分析。同时借鉴以前曾经交流过的一些行长所给出的意见，最终，我们总结出了以下几种沟通对象的主要类型：

第一，少言寡语型。

这一类的员工，主要是一些入职不久的新员工。对于整个工作环境还不熟悉，对于同事和领导也不了解，在平常的工作中就很少说话。一旦被行长叫来谈话，就会变得更加沉默寡言，有的甚至全程低头不语。

这种状况往往让行长十分无奈，整个沟通的气氛都不融洽。遇到这种类型的员工，很多行长都会让沟通提前结束。

但是越是不愿意吐露心声的员工，越容易出现工作上的问题。为了避免更多问题的产生，行长在面对这类员工时，要付出更多的耐心，也许第一次沟通没有达到很好的效果，但是在一段时间的熟悉之后，陌生感就会慢慢消失。再一次沟通时，要慢慢地引导员工敞开心扉，多给予其鼓励和指导，这样才能拉近双方的距离，才能在沟通中取得较好的效果，进而提升员工的工作能力。

第二，拍马屁型。

在任何一家企业中都不乏有一些爱好溜须拍马的员工。在与领导的相处过程中总是习惯于阿谀奉承。

面对这一类的员工，行长在沟通的过程中一定不能纵容这种不正风气，但是也不能直接批评，不然他们可能会觉得你难以相处。这种情况下，行长应该以一种委婉而坚定的表达方式向这一类员工表达自己对他们这种做法的抵制。这样既不会伤害员工的自尊心，也在一定程度上抵制了这种不良风气的横行。

行长在与这一类员工沟通时，不要奢望能在一次交流中从他们那里得到真实的想法。他们所说的话，要认真核实后再采纳。

第三，爱抱怨型。

一般的员工对行长大都抱有一种敬畏之心，大多不敢在其面前喋喋不休。但是不乏有这样一部分员工，他们资历较深，跟随行长的工作时间很长。因此有什么牢骚话，他们就会在与行长的沟通中表达出来。

面对这一类型的员工，在沟通的过程中，行长要表现出足够的耐心，做好一个倾听者。在员工表达自己的想法时，适时地给予一定的赞同。让对方感觉自己的想法受到了领导的重视。这类员工在发完牢骚之后，自然就会平静许多。这时行长再与其进行交流，这样的状况下对方更能够倾听行长的意见，沟通效果也会更好。

在一家银行中，员工的类型有很多种，以上几种是我总结出来的几种主要的沟通对象的类型。行长在沟通过程中还要根据具体的员工进行客观全面的分析。针对沟通对象的具体情况具体对待，切记不能所有类型的员工都采用同一种沟通方式。

如何处理人际沟通与组织沟通的关系？

在当代社会中，沟通已经形成了一项专门的技术。许多的职场人在工作过程中都面临着与人沟通的问题。

沟通质量的好坏在很大程度上影响着工作质量。在许多人的职业生涯中，沟通并不仅仅是一个交流过程，而已经成为其提升自身能力的必修课程，在其整个人生价值的提升中发挥着重要的作用。

在职场中，沟通可分为两种：一种是人际沟通，另一种则是组织沟通。

所谓的人际沟通，简而言之就是人与人之间的交流沟通。人际交流是沟通的一种主要表现形式。人与人之间通过直接的语言交流和肢体交流，进行感情、信息、资料的互换和共享。

在职场中，人际交流是一种使用较为普遍的沟通方式。银行日常工作中，面对办理业务的顾客，银行的员工就要与他们进行人际交流。对于行长而言，与每一位员工之间的交流也是典型的人际交流。处理好每一次的人际交流，也是行长日常工作中十分重要的一部分。

所谓的组织沟通，从文字上我们也可以看出，它的沟通双方不再是某一个个体，而变成了一个团队、组织。组织沟通在一个企业人力资源管理中起着十分重要的作用，是整个人力资源管理的核心和基础。

从我了解的银行的组织沟通来看，其沟通目标一般都是既定的，目的性也十分明确。一般都是在银行对外的商务活动中，以各种媒介和途径进行信息、情感的交流。然后将组织内部与外部的交流进行有效整合。其最终目的就是更好地维系了组织内外部之间的关系，为整个银行的发展营造一个优质的沟通交流平台。

人际沟通和组织沟通在整个银行的发展中都是必不可少的重要环节，但是怎样协调好两者之间的关系，就成为了银行行长重点解决的问题。

第一，不能忽略两者之间任何一方的作用。

关于这一点，我主要想表达的就是在现代职场中，许多企业在建立沟通平台的过程中往往大力推崇人际沟通，而忽略了组织沟通。

据我所了解的，我国的银行有相当一部分在组织沟通方面还存在着一定的缺陷。这些缺陷已经造成了某些问题的产生，也在一定程度上影响着银行工作的正常进行。

面对这种状况，各网点的行长应该充分认识到这一问题的严重性。从根本上重视组织沟通的重要作用，采取必要的措施，促进组织沟通作用的有效进行。为整个银行的发展添加足够的动力。

第二，人力资源的合理配置。

无论是人际沟通还是组织沟通，实际上都是人员在进行沟通的行为。虽然组织沟通是以团队的身份去进行交流，但是细化下来，也是独立的个人去具体落实的。因此，人员的合理配置就成为了整个银行沟通顺利进行的前提条件。

行长作为银行的管理者，掌握着整个银行人力调动的权力。在银行沟通环节，行长应该根据人际沟通和组织沟通的具体要求合理地进行人员的分配。根据员工的沟通优势，合理地分配到各个具体环节，最大限度地发挥所有员工的沟通能力，实现银行沟通的优质化发展。

综上所述，在银行日常的工作中，一定要处理好人际沟通和组织沟通的关系。只有这两者协同进行、顺利发展，才能为整个银行的沟通环节创造更好的交流环境，才能通过优质的沟通实现银行工作的顺利进行。

4. 有效沟通环节之二——倾听

在沟通的过程中，倾听是对对方的一种尊重，也是让对方敞开心扉、说出心声的关键。

为什么要倾听

良好的沟通是打开和谐人际关系的钥匙，倾听则是这把钥匙对准锁眼的关键部位。

戴尔·卡耐基曾说："一个人事业上的成功，只有25%源于他的专业技术，另外75%则是要取决于他的人际关系。"这句话也是我经常向我的学员们说的。人际关系在一个人的成功道路上发挥的作用已经越来越重要。

我曾接触过一位农业银行的行长，他是一位十分优秀的行长，在他的带领下该银行网点发展得十分迅速，银行业绩也提升得很快。

我曾与这位行长进行过几次深入的交谈。在交谈的过程中我慢慢了解到，这位行长和谐强大的人际关系网才是其顺利发展工作的背后推手。这位行长也表示，在他将近30年的职业生涯中，从最初的普通员工开始，他就非常注重对人际关系的培养和调解，正是通过和谐的人际关系他获得了许多工作上的便利，取得了现在工作上的辉煌业绩。

一位优秀的行长，在他的工作过程中，和谐的人际关系是十分重要的。人际关系已经不仅仅是其个人的财富，也是整个银行的宝贵财富。

要想为自己赢得和谐的人际关系，首要条件就是要有很强的沟通能力。沟通是人际关系组建的关键，只有通过优质的沟通交流才能进行情感、信息的互换，才能促进人际关系的发展。

很多人在沟通的过程中都会陷入这样一个误区：握住话语权就会讲个不停。他们认为只有自己多表达，对方才能明白自己的意思，才能与自己达成共识。其实这种想法是错误的，沟通是一个双方交流的过程，如果不给对方表达的机会，不学会倾听对方的观点，那么这样的沟通注定是失败的。

所以，要想获得成功的沟通，就一定要学会耐心倾听。

（1）耐心的倾听有利于增加对方的信任感。

要想在沟通的过程中让对方打开心扉，说出内心最真实的想法，就要让对方对自己产生足够的信任感。

真诚有耐心的倾听就是让对方产生信任感的有效因素。倾听并不是单纯地听，而是要付出情感走进对方的内心世界。在倾听的过程中，要在适当的时候，给予对方肯定与赞同，让对方感受到你的真诚。这样才能让对方放下戒备，敞开心扉，双方之间的距离自然也会拉近许多。

（2）倾听是给对方一个表达的机会。

我一直在强调，沟通是一个双方互动的过程。任何一方独占话语权，沟通就不会有好的效果。

倾听实际上就是给对方一次表达自己的机会，只有双方都表达自己的观点，才会有信息、思想的交流，才能促进沟通的有效进行。

（3）倾听有助于共识的达成。

行长的对外沟通，一般都是一些商务活动上的沟通。可能是为了某些合作，也可能是为了某项业务。在这种商务沟通中，其目的是十分明确的。要想达到双方业务上的合作，首先双方要达成共识。而倾听则是双方达成共识的前提条件。表达自己的想法，倾听对方的想法。在这种适度的表达与倾听中，沟通的气氛也会越来越融洽，双方会更加容易达成共识。在这样的气氛下，商务上的合作自然更加容易达成。

倾听是有效沟通的重要环节之一，学会倾听、懂得倾听是整个沟通过程中必不可少的。愿意去倾听才能收获最真实的回应，对方才会愿意与你沟通，才能收获最有效的沟通的成果。

倾听技巧

在沟通的过程中，倾听的作用是十分重要的。但是，怎样的倾听才能促进沟通的有效进行？这一问题也成为了许多银行行长的关注点。

在我的培训课上，经常会有学员追问我怎样做才能成为一个合格的倾听者。就这个问题，我与一些业内的朋友进行过讨论，还专门去拜访过一位非常善于沟通的银行行长，与他一起探讨这个问题。

与这位行长交谈后，我的确得到了很多启示。毕竟这位优秀的行长有着相当丰富的沟通经验，经历得多了，悟出来的经验技巧就更实用。

经过与这位行长以及我的同行的探讨，再加上自身的工作经验，我总结出来了一些倾听方面的技巧：

第一，气氛要轻松自然。

作为行长，不管怎样努力想和员工之间拉近关系，都无法抹去上下级之间的距离。在一般的沟通中，难免会尴尬、不自然。同时员工也很难道出自己的真实想法，这样的沟通行长自然也不会倾听到实质内容。

面对行长与员工之间的拘束，其实可以通过对沟通环境的改变来适当调节。在沟通场所的选择上，我建议选择较为安静、休闲的场所，可以选择气氛相对轻松的咖啡厅，一边喝着下午茶一边进行交谈。这样的气氛可以使人快速地放松下来，有助于员工放下戒备，敞开心扉，说出自己内心的真实想法。

第二，以说话者为主角。

作为一个倾听者，在倾听的过程中一定要认清说话者才是话语的主导者。不要喧宾夺主，更不要在别人说话的时候随意插嘴。即使对对方说的观点不认同，也不要立刻打断别人的话，这是对别人尊重的一种表现。

别人得到了尊重，自然也会尊重你。彼此间的信任也就在尊重中慢慢建立起来了。有了信任，沟通就不会再有太大的障碍。

第三，适时地给予对方肯定和赞同。

相信很多银行职员都有这种感受，当你在诉说时，无论是在诉苦、抱怨、发牢骚或者是表达自己的观点，都特别希望得到对方的肯定和认同。

既然说话者有这样的心理需求，那么倾听者就要在合适的时候给予说话者一定的肯定和赞同。在对方表达自己的观点时，可以适当地微笑或者点头，这些动作幅度不需要太大，但是却可以让说话者感受到被重视，也就更加愿意说出自己的真实想法。

第四，要学会控制自己的情绪。

很多时候，沟通并不一定会顺顺利利，有时由于一些观点意见的不同，双方有可能会发生一些争执。面对这种情况，一定要控制好自己的情绪，不能轻易地动怒或者与对方发生肢体冲突。这是一种高素养的体现。

在沟通的过程中，越是遇到混乱的场面，越是要保持冷静。平静的情绪有助于大脑冷静思考，这样才能很快地想出最佳的应对策略，有助于淡化矛盾，保证沟通的正常进行。

第五，认真倾听，积极思考与整理。

在倾听的过程中，要想达到良好的沟通效果，行长则需对下属提出的观点进行积极思考与整理，在适当的时候提出自己的观点。这样提出的观点已经融合了对方的想法，对方一听，就会知道你在认真倾听，顿时会拉近双方的距离。

第六，倾听时要不时看着对方的眼睛。

眼睛是心灵的窗户，看着别人的眼睛不仅是一种自信的表现，而且会让对方感觉到你所表现出来的真诚。

行长在倾听的过程中，要不时地看着对方的眼睛，如果长时间看着对方的眼睛觉得尴尬，可以把视线移到对方的眉毛位置。这样既不会觉得尴尬，也会让对方觉得你一直在关注着他。

行长在倾听的过程中，可能会出现众多的突发状况。但是只要坚持这几个技巧，在沟通的过程中随机应变，那么这样的沟通一定会收获不错的效果。

5. 有效沟通环节之三——反馈

在与下属员工的沟通交流中，行长对员工表达的反馈是上下级沟通交流价值的直接体现。

反馈

我曾在一次银行培训课上，向我的学员提出这样一个问题：一次有效的沟通包括几个环节？我记得十分清楚，当时大部分的人都认为只有两个环节，即表达和倾听。相信课堂上这部分学员的观点也代表了相当一部分行长的观点。

在对沟通环节的认识上，有很多人都认为只要做到表达和倾听就可以达到有效地沟通。实际上这样的想法是不正确的，表达和倾听并不能构成一次完整的沟通，因为还缺少沟通的另一个重要的环节——反馈。

反馈是众多沟通者容易忽略的一个环节。在经历了表达和倾听后，很多人都认为沟通就可以结束了，其实不然。在表达和倾听之后，还有反馈这一环节。

反馈是对对方观点和言论的一种反应，反馈包括正面反馈和建设性反馈两部分。

正面反馈是指倾听者在说话者表达完成后，对说话者所给予的表扬和赞同。正面反馈一般都用在上级对下级新进员工的沟通上，这样的表扬和赞同在很大程度上会给予对方很大的鼓励和工作动力，有利于调动员工的工作热情和积极性。

建设性反馈一般是指针对说话者的观点所提出来的建议，对于对方不足的地方提出自己的意见。建设性反馈有益于对方缺点的改正，真诚有用的建设性反馈十分有利于对方的进步和双方关系的拉近。

在反馈的过程中，由于立场不一样，沟通者又被划分为反馈者和接受反馈者。无论反馈者还是受反馈者都需要掌握一定的技巧。

我们先来探讨一下怎样才能成为一名合格的反馈者：

（1）真诚的态度。

在反馈的过程中，无论是正面反馈还是建设性反馈，首先都要端正自己的态度，让对方感受到自己的真诚。

只有你表现出足够的真诚，对方才会给予你足够的信任。那么不管是你给予的表扬和赞同，还是提出的建议和意见，对方都会虚心接纳。因为他已经在心底信任你，相信你给出的建议都是为自己好，都是最真诚的回应。

（2）简洁明确的反馈内容。

在给予对方反馈意见时，一定要用最为简洁明确的语言。如果在言语上含糊不清，就会让对方不能准确地接收你所给予的建议，有时甚至会出现理解上的偏差，导致双方沟通上的误解。

（3）给予最客观公正的反馈。

在沟通的过程中，也许你会不喜欢对方的性格或是对方的说话方式，但是他提出的观点确是十分合理有效的。这时，在给予对方反馈时，一定不能带有个人主观色彩，要对事不对人，给予其最为客观真实的建议。

以上这些就是一个反馈者需要注意的事项。下面我们换一个立场，站在接受反馈的一方来看看需要注意哪些问题：

① 给予对方足够的尊重。

别人真诚地为你提出一些建议和意见，那你就要回馈对方足够的尊重。在相互尊重的前提下，两人之间的沟通才会更加顺畅，对方才会更加愿意提出建议，帮助你改掉缺点，取得进步。

② 对方说话时，不要随意打断。

我曾遇到这样一些学员，在我给他们分析问题时，他们总是在我还没说完时打断我的讲话，发表自己的意见。这种举动实际上是十分不好的，很容易破坏说话者的情绪，沟通效果自然也不会理想。

作为接收反馈的一方，一定不能随便打断对方的话。如果有不同的意见，可以在对方表达完之后提出自己的观点。这样双方的观点都能够得到完整的表达。

在反馈的过程中，无论是反馈者还是接受反馈者，都应在举止、态度、言语上把握一个度。在充分重视反馈这一环节的同时，以巧妙的反馈技巧结合表达和倾听环节，打造一次有效的沟通。

JOHARI视窗

关于有效沟通的反馈环节，**20世纪50年代美国心理学家乔瑟夫（Joseph）和哈里（Harry）提出了一个十分著名的理论——JOHARI视窗，又称乔哈里视窗。**这一理论被称为“自我意识的发现——反馈模型”，这一反馈模型完美地呈现了反馈的技巧和理论。

之所以把这一沟通理论称为乔哈里视窗，是因为在这一理论中人际沟通的信息被比作一个窗子。这个窗子又被分为四个部分：开放区、隐秘区、盲目区、未知区。在人际交往中，只有这四个区域充分融合才能最终促进有效沟通的形成。

下面我们就先来探讨一下乔哈里视窗的这四个区域。

（1）开放区。

开放区的信息被划分为自己知道别人也知道的信息。这一区域的信息私密性较小，一般来说，对于大部分的人这一部分的信息都是可以对外公开的。

在沟通的过程中，沟通双方在这一区域的交集越多，说明他们的共同话题就越多，沟通起来也就会更加顺利。在沟通的过程中，双方可以以开放区的共同话题作为沟通的开始。这一区域的话题开场，有利于缓解双方刚开始接触时尴尬的气氛，有利于轻松自然氛围的形成。

在这一区域内的沟通，要想让对方敞开心扉，说出内心的真实想法，就要多说一些共同话题，多表达自己的内心想法。从而引导对方参与到话题中，也会很容易赢取对方的信任，双方的沟通也会更加顺畅。

（2）隐秘区。

隐秘区的信息具有显著的私密性，在这一区域的信息，一般是自己知道别人不知道的信息。

一般情况下，在沟通的过程中每个人都有自己隐秘区的信息，这一部分的信息不会轻易地透露给对方。但是在沟通的过程中，要想在短时间内快速地取得对方的信任，适度地公开自己隐秘区的信息是一个不错的选择。

在向对方透露自己在这一区域内的信息时，一定要进行谨慎筛选，选择一些具有隐秘性但是公开后又不会威胁到自己的隐私。这样既会让对方感受到你的真诚，又不会让自己的隐私大范围的外泄。

（3）盲目区。

盲目区的信息一般是一些自己不容易发现的内容，比如自己的一些小习惯、小毛病或是别人对你的看法。这些信息大多是自己不知道，但是别人有可能知道的内容。

一般情况下，盲目区信息较多的人，都存在不善于发现自身问题的特性，而且在与别人沟通中不善于询问别人对自己的看法或意见。更多的时候处在说话者的一方。

在沟通的过程中，盲目区域较大的人应该多提问，在别人的回答中寻找自身的缺陷与不足。不要在沟通中抓住话语权喋喋不休，多给别人说话的机会，也就是给自己改正缺点的机会。行长在沟通中要充分认识到这一点。

（4）未知区。

这一区域的信息就相对简单，就是自己不知道，别人也不知道的信息。但是一个人在这一区域的信息量较大的话，说明这个人是一个相对较为封闭的人。与别人的交往较少，使得自己无法从别人那里获得自己不易发觉的自身的信息，也让别人不能更多地了解自己。交际范围也会逐渐缩减，沟通能力也会越来越弱。

出现这种情况的人，应该加强与他人的交流，在与别人的沟通过程中慢慢地了解自己，也了解别人，逐渐地缩小自己的未知区域的信息，提升自身的沟通能力。

JOHARI视窗所呈现的这四个区域很好地概括了沟通过程中各种比例下的信息，也让沟通者在这四个区域中寻找到符合自身定位的信息概括。通过对这四个区域信息的了解，能够让沟通者很好地将各种信息有效地融合到一起，促进有效沟通的最终形成。

6. 与上司沟通

与上级领导的沟通是行长日常工作中十分重要的内容。但是，很多行长在与上司沟通中存在着不少障碍和问题。跨越障碍，解决问题才能真正地提升行长与上司沟通的成效。

与上司沟通的障碍

很多银行行长不知道该怎样与上级进行有效的沟通。

行长与领导之间一次不成功的沟通，会在很大程度上影响其工作情绪，降低工作效率，工作上的失误也会不断出现。一旦出现工作失误，上级就会再次找他们沟通。一个恶性循环就这么形成了。

为了解决众多学员与上司沟通方面的困惑，我特地开设了一次公开培训课，就“沟通障碍”这一话题为学员展开了将近4个小时的专题讲座。

在专题讲座中，我主要站在下级的立场上讲述了与上级之间的沟通障碍。在任何一个机构都会有上级和下级之分，就连银行网点的最高管理者行长也有更高一级的领导。在与上级领导沟通时，相信许多人都会存在不同程度的沟通障碍。这些障碍主要包括以下三类：

第一，语言文化上的障碍。

由于年龄、文化背景、生活环境等方面的不同，在上下级沟通的过程中会出现不同程度障碍。特别是如果你的说话习惯夹带方言的话，在沟通的过程中，甚至会让对方有一种摸不着头脑的感觉。

在年龄上的差距，有时也会导致沟通上的困难。一些年轻人，接受新鲜事物的能力比较强，一些新鲜词语也会经常出现在他们的言语中。但是相对于一些年龄稍大的人，他们的语言还处在中规中矩的状态，一些新鲜词语甚至没有听说过。这样的两类人，如果在一起交流的话，必将会出现一些障碍。

再加上文化程度和生活背景的不同，语言的选择和表达方式也会出现很大不同，这样的差异也会导致他们之间的沟通障碍。

面对上下级之间在语言文化上的障碍，要想解决这一问题，银行行长就要站在上司的立场，从对方的语言文化角度分析了解上司的表达方式和习惯，尽量缩短和上司之间语言文化上的差距。

同时，对于文化底子稍薄的人员，应该多加学习，努力提升自己的文化水平，在语言表达上往更好的方向发展。

第二，性格上的差异导致的心理障碍。

每一个人都有自己独特的个性，由于兴趣、爱好以及性格上的不同，许多人在和上司沟通的过程中找不到共同话题，也就不再愿意多作沟通交流。

个性上的差异导致他们在心理上会产生排斥，一旦在沟通中产生心理障碍，那么接下来的沟通也会陷入僵局中无法再继续下去。

面对这样的状况，要想缓解和上司之间的沟通困难的话，就要在沟通的过程中学会倾听，学会接受对方，即使你对对方的某一爱好不感兴趣，也要尝试着去了解去接受，这样对方会觉得你比较真诚。同时也会回馈给你相同的耐心和真诚，在这样的状态下，沟通自然会顺利进行下去。

第三，时间上的障碍。

时间上的障碍首先表现在上司一般都比较忙，员工需要和上司沟通的时候，很难找到恰当的时间点。其次，有很多下属员工都表示，他们之所以不喜欢和上级领导沟通交流的主要原因就是上级领导总是有讲不完的话，总是占用太多的时间。

很多的上级领导在与下级员工的沟通过程中，总是习惯占着话语权不放，说起来也是滔滔不绝。也许在他们看来，他说的每一句话都是为了员工好，都是希望员工能从中获益。但是站在员工的立场，与领导谈话本身就具有心理压力，再加上时间过长，就导致员工会产生一种排斥状态。

对于这种状况，下属员工要主动请示，寻求最佳沟通时间点，而上级领导要想获得较好的沟通效果就需要精简自己的语言，在表达上尽量简洁明确，以最短的时间表达最清晰的意思，这样的话员工就比较容易接受。

与上级领导的沟通中可能会遇到各种不同的障碍，以上三点是我总结出来的较为常见的沟通障碍。要想改善上下级之间的沟通状况，需要双方都作出改变，要经常站在对方的立场去想问题，这样的沟通才会达到较好的效果。

如何改进与上司的沟通

关于与上级领导沟通出现障碍的问题，我经常对我的学员说，一定要从自身出发积极主动地去寻找问题、解决问题。通过全面地分析与思考，去寻找改进与上司之间的沟通，促进两者之间沟通的有效进行。

我所接触的学员中，也曾出现过这样的情况。面对与上级领导之间的沟通障碍，他表现出了逃避的态度。不愿意去面对，也不积极去解决。最后导致与领导之间的沟通越发困难，甚至连一些基本的工作沟通也无法正常进行。这样的状况不仅影响了这位员工的工作情绪，每天都处在一种闷闷不乐的状态，其工作效率也大大下降。

这位员工面对与上级领导的沟通障碍所表现出来的应对方式是消极不可取的，对自身的工作也会产生很大的影响。面对与上级领导之间的沟通问题，要积极地去解决，不能逃避，不然问题只会越来越严重。毕竟在工作的过程中，与上级领导的沟通是必不可少的，也是工作所需的。

为了能帮助这位学员及面临相似问题的学员尽快地解决问题，与上级领导保持良好的沟通，我通过自己的工作经验和对银行工作的了解，总结出了以下几点改进与上级领导沟通的技巧。

（1）不受情绪的影响。

有些下级员工在与上级领导的沟通过程中，经常会受到个人情绪的影响，而导致沟通不能顺利地进行。

也许因为以前受过这位领导的批评，也许以前与这位领导在工作上出现过分歧，这些原因都会成为下级员工情绪化的因素。

带有情绪化的沟通是不会有什么有效的结果的。员工在与上级领导沟通时应该不受情绪的影响，在沟通的过程中要以客观积极的态度去面对。就事论事，不能把对领导的偏见和情绪带到沟通中，过于感性的态度只会影响沟通的效果。

在与上级领导的沟通中，应该理智地去思考去面对，抛弃自己的小情绪，才能在沟通的过程中取得更好的效果。

（2）努力提升自身的文化修养。

在与上级领导沟通中出现的障碍，很大一部分因素是由于自身文化背景的薄弱和语言表达的不准确。

面对这样的问题，要想取得更好的改善，员工应该从自身做起，积极努力地学习。在完成工作的前提下，利用业余的时间学习各方面的知识，提升自身的素养。在语言表达方面尽量用最为简洁的语言表达自己的想法。在与上级领导沟通时，不断地提升自身的文化知识，不仅对与上级领导的沟通有帮助，而且对自身而言也是自我修炼的绝好机会。

（3）避免“报喜不报忧”的现象。

有部分员工会有这样一种思想误区，认为在与上级领导的沟通过程中，挑选一些领导愿意听的好消息才能博得领导的欢心。

其实这样的想法是不正确的，对于领导而言，他绝对不是只愿意听一些溜须拍马的话。一位优秀的领导，更愿意听到下级的真实想法和对银行发展有利的建议。即使是与自己的想法不一致，但是只要是有利于银行发展的提议他们是十分愿意接纳的。

曾有一位银行高层向我透露，他个人是十分厌恶那些在沟通中专拣好事来讲的员工。在他的眼里，一个为银行的利益不惜与领导发生争执的员工才是好员工，因为这样的员工是真心为银行的发展考虑，即使与领导的想法发生分歧，但是为了银行的发展仍坚持自己的意见。

所以，在与上级领导的沟通过程中应该积极地提出自己的想法和建议，双方都以银行的发展为出发点，沟通起来才能更加顺利，效果也会十分明显。

根据我多年的工作经验，面对与上级领导的沟通障碍，我给出的建议就是以上三点。在具体的沟通过程中，应该积极地寻找自身的问题，主动努力地去解决，在双方的共同努力下，定能实现上下级沟通的有效进行。

7. 行长之间的沟通

作为银行网点的行长，难免要与其他网点的行长进行沟通交流。但是，同为行长，相互之间既要合作又要竞争，沟通障碍重重，掌握技巧才是关键。

行长之间沟通的障碍

对于行长而言，其人际沟通的范围十分广阔。除了日常与下属员工、上级领导以及客户之间的沟通，还需要和其他行长进行沟通交流。

行长之间的沟通交流的内容一般是围绕着银行的发展和日常的管理等方面。在交流的过程中，相对于与下属员工的沟通来讲，会更具有专业性和客观性。

行长之间的沟通交流，对于银行的发展有着很大的促进作用。行长之间通过交流，可以互相分享自己的管理心得和工作经验。并且可以针对在银行的发展中所遇到的问题，进行分析和研究。通过大家的努力，制订出最为合理的解决方法。这种管理层的沟通交流对于各个银行的发展都有很大的促进作用。

但是行长之间的沟通也并非一帆风顺，也会出现一定的障碍。我认识一位农业银行的行长，在我和他的一次交谈中，他就向我提及过这个问题。首先他对行长之间的沟通交流是十分支持的，对这种沟通对银行发展的促进作用也是十分认同的。但是他表示在沟通的过程中却并不是顺顺利利，仍然存在着一些矛盾。而且一旦这些矛盾处理不得当，将会影响着整场沟通的进行。

通过与这位行长的交谈，我总结出了以下几种行长之间沟通可能会出现的障碍：

第一，领导的架子太足。

行长是整个银行网点的管理者，在日常的工作中管理着银行上上下下的各种事务，银行的员工对行长都是毕恭毕敬的。在各自的银行区域内，各个行长都享受着领导的待遇，有的甚至已经习惯了居高临下的那种感觉。

但是在行长之间的沟通过程中，每个人都是行长，都是领导，如果他们还保持着在各自工作领域的领导范儿，那么这样的沟通必定是火药味十足。有的行长在沟通的过程中由于放不下架子，所以无法表达自己内心的真实想法，对于一些问题也没有提出什么建设性的意见，整个沟通也就失去了应该有的意义。

第二，只站在各自的银行的立场去思考。

人都有自私的一面，对于银行行长而言，在众多行长的沟通交流中，对于问题的探讨和研究，更多的时候他们都会以各自银行的利益为出发点，思考问题的角度也是以解决各自银行的问题为主。

那位农业银行的行长就曾对我说过，他排斥与众多行长沟通的最主要的原因就是在讨论问题的时候，大多数的人都是以各自银行的利益为出发点，都希望大家能讨论怎样去解决自己银行所出现的问题，而很少有人主动为其他银行考虑。这样整个沟通的场面会一片混乱，最终也不会谈论出什么具体的结果。

第三，在沟通过程中过于被动。

在行长与行长的沟通过程中，可能会出现这样一种状况，那就是在沟通时大家都过于被动。面对问题时都希望对方积极提出，这也最终导致了提出问题难，解决问题更难的局面，整个沟通也无法顺利进行。

在沟通的过程中，如果大家都过于被动，问题不但不会得到解决，反而会越来越严重，沟通的气氛也会陷入进一步的沉默中。

行长之间的沟通障碍是十分影响双方的银行问题的解决的，对于这种问题的出现其实只要大家都多为对方着想，都站在对方的角度去思考问题，想必这样的沟通将会融洽和谐许多，沟通效果也会有明显不同。

行长之间沟通的三种方式

我认识这样一位银行行长，在他与其他行长的沟通过程中，总是觉得存在各种障碍，以至于沟通无法进行。

有一次，我去拜访他，正巧他当时正在与一位员工沟通，由于我的职业的关系，他邀请我也一起参与讨论。在我们三个人的沟通过程中，我发现这位行长并非像他以前曾向我说的存在沟通障碍。反而在与员工的沟通中语言的表达和肢体语言的运用都十分恰当。逻辑思维也十分清晰，对于员工所出现的问题分析的也十分到位。员工对于行长提出来的建议也表示认同。可以说这一次沟通还是相当成功的，算是一次十分有效的沟通。

但是这位行长仍向我强调他在沟通中的障碍，经过仔细的了解，我终于明白了他所说的沟通障碍是存在于与行长之间的沟通中的。在他看来，同级之间的沟通是十分麻烦的，意见也很难达成一致，沟通没有什么特别大的成效。

这位行长向我倾诉了他的烦恼，并且希望我能够帮助他找到解决的方法。

其实这位行长的沟通能力十分强，从他与员工的沟通过程中就可以清晰地看出。他所说的自己在与行长之间的沟通中存在的障碍，其实并非是能力的问题，有可能是选择沟通的方式不合适。

行长之间的沟通虽然只是人与人之间的交流，但是根据具体情况的不同，也划分出了多种形式。

第一，正式的面对面沟通的方式。

正式面谈的方式是沟通方式中最为常见的一种方式。这种方式，就是需要沟通的双方选定一个合适的沟通环境面对面地进行交流。

一般情况下，行长与行长之间的沟通这一方式使用的较多。由于不在同一地方工作，一般需要沟通的时候，大多是选择一些较为安静的环境进行交流。

这种面对面交流的方式十分有利于问题的提出和解决。面对面的沟通也十分有利于问题的充分讨论和观点的相互交换。对于一些相对棘手的问题，双方拥有足够的时间去交流，对于问题的解决也十分有好处。

第二，书面或电子渠道交流。

这种交流方式相对来讲没有面对面的交流更加直观。但是具体的实施中具有明显的便捷性，相对来讲也不会耽误太多的时间。

书面协议和电子渠道的交流是一种十分便捷的沟通方式。行长之间如果受到时间的限制，并且需要沟通的并不是什么特别重大的问题就可以通过这种方式进行交流。可以通过书面协议的方式进行探讨，也可以利用电子渠道或是互联网进行沟通。这种方式具体的使用过程也是很受欢迎的。

第三，通过会议的形式进行沟通。

会议沟通这种形式一般都是针对一些相对重大的问题。多位行长之间通过会议的形式，进行沟通与交流。这种沟通方式，相对来讲正式许多。

当遇到一些银行的发展问题或是多家银行都出现的工作障碍时，行长们可以通过举行一次探讨会议，针对具体的问题进行详细的交谈。在会议中，大家都积极地发表自己的看法，最后总结出一些有利于解决问题的方法。这样的会议沟通，在解决银行间的重要问题方面有很大的作用。

这三种沟通方式是当代行长之间沟通的主要方式。行长可以根据具体的事务和对方的时间问题选择合适的沟通方式。运用合适的沟通方式，对于问题的解决和沟通的顺利进行有着十分重要的作用。

如何积极地沟通

在我的培训课堂上，曾有这样一位学员，他的性格相对比较内向，说话也总是轻声细语。在工作方面也十分努力，但是看到他时总是觉得他满脸的烦心事。

后来通过我的了解，知道了在他的工作过程中的确存在着一些问题，主要是与别人的沟通中。这位学员由于性格的原因很少与身边的同事沟通，与上级领导的沟通更是少之又少。长时间下来，他的性格也越来越孤僻，人际沟通也越来越少。一些问题和观点得不到倾诉，整个人也越来越沉闷。

了解了这位学员的情况，我十分想为他提供帮助。于是，我抽了个时间，主动去联系了这位学员，与他进行了一次沟通。果然与我了解的一样，这位学员在我们俩的沟通中始终处于十分被动的状态，如果我不主动提出话题的话，大概我们的沟通会在一片沉默中结束。但是我始终没有放弃，在我的不断引导下，这位学员终于慢慢开始向我吐露心声，两人的沟通也渐渐活跃起来。

这位员工在沟通中出现的这种状况，其实说到底就是态度问题。在沟通的过程中他没有保持一种积极的心态去参与到沟通中，反而一再退缩。像这位员工的这种状况，其实很多人也会有，如果不能够积极地去参与沟通，那么沟通的作用也就实现不了。特别是对于一个银行的管理者——行长而言，以一种积极主动的态度去参与沟通，对于整个沟通的有效进行是十分有用的。

但是好多人都有这样一个疑问：如何积极地沟通？

关于这个问题，我也与一些业内人士进行过讨论，接下来我就把我总结出来的结果和大家一起分享：

第一，一定要主动去沟通。

在沟通的过程中，主动与别人进行沟通是十分重要的。主动去引入话题是一个优质沟通的开端，而且也是锻炼自己的一个机会。

特别是针对一些性格比较内向的人，在沟通的过程中更应该主动参与其中。即使不能担任整个沟通中的主导者，也要成为一个主动表达自己观点的参与者。有了一次主动参与沟通的经历，就会有下一次积极主动的勇气。在一次次的沟通中，不断地锻炼自己的积极主动性，相信在一段时间之后，一定能够实现积极有效的沟通。

第二，学会礼让他人。

关于“礼让”这一话题，我国古代有一个流传至今的故事——让地三尺：

相传，当年宰相张英邻家造房占张家三尺地基，张家人不服，修书一封到京城求宰相张英主持公道，张相爷看完书信回了一封信，内容：千里家书只为墙，让他三尺又何妨；万里长城今犹在，不见当年秦始皇。家人收书羞愧并按相爷之意退让三尺，邻家人见相爷家人如此胸怀，亦退让三尺，遂成六尺巷。

六尺巷的故事很好地反映了以礼待人的好处，在沟通的过程中，学会礼让他人是沟通过程中十分重要的。

礼让是中华民族的传统美德，在沟通的过程中以礼相待，你敬别人一尺，别人就会敬你一丈。在这种相互礼让的环境中，沟通起来也会更加顺利。礼让谦卑的态度，也会让你整个人更具亲和力，别人也会更加愿意真诚地为你提出更多意见，整个沟通也会更加顺利有效。

第三，多站在对方的角度发表言论。

在沟通的过程中经常容易犯的一种错误就是不站在对方的角度来

思考问题。在沟通的过程中最能引起对方兴趣的一定是与他相关的话题。要想在一次沟通中引起对方的关注，就要积极地以对方的立场为出发点。虽然你可能最终想要表达的意思与对方的话题无关，但是这样的开头能够调动起对方主动参与的积极性。双方之间有了互动，沟通才能够顺利进行下去。

第四，主动帮助他人。

有些人对于沟通存在一些误解，可能认为在沟通的过程中我只要本分地表达好自己的观点就够了。其实，要想在沟通的过程中取得良好的沟通效果，就要积极主动地提出一些能够帮助对方的建议，真心实意地去帮助对方解决问题、发现问题。别人受到你的帮助，自然也会作出积极的回应。

在这样积极主动互帮互助的氛围中，沟通才能够顺利地进行下去。

在沟通的过程中，积极地参与其中是有效沟通形成的必要因素。在沟通中存在障碍的人员，不妨尝试着主动去提出一个话题，主导一个话题。在一次次的积极主动中，一定能够提升自身的沟通能力，而且能够促进有效沟通的形成。

8. 与下属沟通

与下属员工的有效沟通，是行长对银行工作全面了解的一种十分重要的方式。与下属员工沟通的技巧，也是行长必备的技能之一。

与下属沟通的障碍

在任何一家企业机构中，上级领导都会选择与下属员工沟通的方式来了解员工的工作进度和工作状态。通过与员工之间的有效沟通，可以很好地增进上下级之间的感情，也能为员工在工作上遇到的困难提供适当的帮助。

就我个人而言，我也会选择合适的机会与下属员工进行面对面的沟通，通过沟通我可以很好地了解处在我这个层面上所了解不到的事情。

作为整个银行的最高管理者，行长身处整个银行系统的最高管理层，每天要处理的事务相当多。一些下属部门的事务可能就无暇顾及，如果行长想要全面了解银行的发展状况，就需要通过与下属员工的沟通了解。

但是据我了解，很多行长都存在与下属员工沟通的障碍，在沟通的过程中，很多行长与员工之间不能顺利的进行。

在此，就这一问题，我总结出来了几条行长与下属员工沟通中常会出现的障碍：

第一，过于明显的上下级之分。

在很多上下级的沟通中都会出现这种状况，行长在沟通的过程中会有意无意地表现出自己高于对方的领导身份。这种过于显示的领导范儿，会让员工从心理产生距离感，也不会敞开心扉说出自己内心的真实想法，这样的沟通也不会产生好的效果。

一次优质的上下级之间的沟通，应该让双方处在一种平等的状态进行交谈。更多的时候应该像朋友一样互相倾述，而不是一直在心里默念“我是领导，他是员工”。明显的地位划分只会拉大两者之间的距离，谈话的内容也会更加官方。行长也从员工这里了解不到其工作的真正状况，这样的沟通就是一次失败的沟通。

第二，把沟通演变成“单口相声”。

我培训过的一名银行员工，曾这样对我讲述了他与行长之间的一次沟通。在那次沟通之前，这位员工就做好了各种准备，准备向行长表述自己在工作上的看法，并且为当时正在进行的一个项目提出自己的建议。但是在沟通开始之后，行长就一直抓住话语权不放，滔滔不绝地讲了将近一个小时，从头到尾根本就没有给他说话的机会，更别说向行长提出自己的建议了。

这样的事情已经不是第一次发生了，很多学员都曾向我反应过这一现象。行长在沟通的过程中习惯性地掌握话语权，并且一旦开启话题，就很难停下来，也很少给员工表达的机会。这就造成了本来应该是上下级之间互动交流的沟通变成了行长的“单口相声”，行长一个人说得兴致勃勃，员工也只会敷衍应付。

第三，领导习惯性地从心理上否定员工的言论。

行长是整个银行的最高管理者，拥有着丰富的工作经验和处事技巧，在所有的银行人员中，可以说是综合能力最强的一个人。

行长卓越的工作能力，难免会让他在与下属员工的沟通中产生一定的优越感。这种优越感，会让他们从心理上不自觉地去否定员工的建议和观点。他们会觉得员工的工作经验较少，工作能力相对较弱，而自己是久经沙场的老将，看待问题自然会更加准确一些，解决问题的成功率也会更高。

行长在这一方面的错误认知，会导致双方在沟通的过程中出现十分严重的障碍。行长对员工观点的一味否定，不但会造成其自身处理问题时的主观性，而且会打击员工发表自己观点的积极性。这样一来，整个沟通也就失去了原有的意义。

以上三个方面，是行长在与下属员工的沟通中经常会出现的障碍。在具体的沟通中可能还会出现其他各种小问题。这些障碍都不同程度的影响着行长与下级员工之间的沟通，对于整个沟通的有效进行十分不利。

改善与下属沟通的四个方法

行长与下属员工的沟通是整个银行工作中十分重要的一部分，沟通障碍的出现会很大程度地影响整个银行工作的正常运行。上下级之间的沟通应该在一种平等轻松的氛围中进行，而不是任由自己的主观判断去影响整个沟通的正常进行。

对于行长与员工之间的沟通出现的问题，很多行长在经过多次沟通之后也认识到问题的严重性。通过沟通行长并没有了解到更具体更真实的工作信息，沟通效果也十分不理想，接受到的反馈也十分不令人满意。

这种现象的出现也让很多行长意识到自己在沟通中所出现的问题，也想通过各种方式积极地去解决去完善。

就这一问题，我也曾接受过几位行长的咨询。他们已经认识到自己在沟通中的错误行为，但是还没有想到具体的解决方法。

作为一名银行培训师，通过对银行工作的了解以及上下级沟通的具体分析，针对行长与下属员工沟通中所出现的障碍，我总结出了四条具体的改善方法：

第一，建立平等的沟通关系。

要想与员工之间顺利地进行沟通，首先行长要放下自己的领导架子，以一种低姿态与员工建立一种平等的沟通关系。

力争把与员工之间的交谈变成一种朋友之间的交流。行长可以在沟通之前对所要沟通的对象进行简单的了解，大概了解对方的兴趣爱好和比较关注的事物。在具体的沟通中，可以以对方比较感兴趣的话题作为开始，这样不仅能够调动起对方交谈的积极性，而且能够让员工放松心情，收起戒备。同时感受到行长的亲和力，双方之间平等的沟通关系自然而然就建立起来了。

第二，语言表达要简洁精准。

对于行长而言，由于日常工作的繁忙，时间显得尤为宝贵。但是与下属员工的沟通又是工作中不可缺少的一部分。所以在与下属员工的沟通中，用最短的时间表达最准确的思想就显得尤为重要。

站在员工的立场看，与领导之间长时间的沟通就相当于是一场煎熬。由于员工对行长本身就抱有一种敬畏心理，在沟通的过程中更多的是希望谈话能够尽早结束。如果沟通的时间过长就会给员工产生一种心理压力，沟通的效果自然也不会理想。

面对这样的情况，要想保证沟通的有效进行，行长作为此次沟通的主导者，就需要对时间具有良好的控制力。在沟通的过程中，尽量用最为简洁的语言去表达自己的观点，对于员工的工作失误也要给予最中肯的建议。这样做才能节省更多的时间，也能达到更好的沟通效果。

第三，做一个优秀的倾听者。

在行长与下属员工的沟通过程中，要想听到员工的真实想法，让员工能够主动参与其中，行长就要做一名优秀的倾听者。

在平常的生活中，两个人交谈，一方愿意听，并表现出浓烈的兴趣，另一方才会更加愿意去说。在职场中也是一样，在行长与下属员工的沟通中，只有行长愿意倾听，员工才会敞开心扉诉说。

面对一些不善言辞的员工，行长可以以一些对方比较感兴趣的话题去引导对方主动表达。并且在对方表达的过程中适时地与他进行眼神上的交流。让对方感受到你在时刻关注他，并对他的言论十分感兴趣。相信这样的沟通必定会有一个好的效果。

第四，不吝惜对员工的赞美。

任何一个员工都希望能够受到上级领导的肯定和赞扬。就像孩子一样，即使取得了小小的成果，也希望得到家长的表扬。虽然在职场上，我们不赞同盲目邀功的行为，但是作为银行的最高管理者，面对下属员工的进步，应该适当地给予认同。

行长的肯定是对员工最大的鼓励，是提高员工工作积极性的最佳动力。在行长与下属员工的沟通中，对于员工在日常工作中的表现行长要给予一定的赞扬，对于员工所表达的一些好的建议也要及时地给予肯定。员工受到了表扬，自然会对自己的观点充满信心，也会在接下来的沟通中更加主动地表达自己。

行长与下属员工的沟通效果的好坏，在很大程度上影响着日常工作的进行。我经常在与一些行长的沟通中强调这一点，也给了他们很多的建议。希望他们在以后的工作中能够重视与员工的沟通，促进沟通的有效进行。

Chapter3

执行修炼：目标和绩效双管齐下

在银行的发展过程中，行长执行能力的强化，是落实银行工作目标和工作绩效的有效方式，也是一位优秀行长的修炼道路中至关重要的一个环节。优质的执行力对于银行工作目标的实现和工作绩效的完成发挥着十分积极的影响。

1. 为什么要定目标？

确定一个明确具体的工作目标，有利于员工在具体的实施过程中工作方向的确定和工作效率的提升。

总目标与子目标

我曾在一次银行培训课堂上，向当时在场的学员提出这样一个问题："在工作中，你们喜欢定目标吗？"当时几乎所有的学员都举起了手。然后我又接着问："你们计算过在你们的职业生涯中一共制定过多少个目标吗？"大多数的人都表示制定过许多目标。我接着说："那么，请完成所有目标的同学举下手。"会场上顿时安静了下来。"请完成了三分之二目标的同学举下手。"会场内依旧没有动静。"请完成了一半的同学举下手。"这时，会场上才有部分同学举起了手。

这是我在培训课堂上临时做的一项调查，结果很明显，几乎所有人都制定过目标，而且制定过很多目标，但是真正落实目标的人却很少很少。

我之所以临时在课堂上做了这次调查。其实并非一时兴起，主要是因为在进行这节培训课前，经过员工办公区域时，听到有人在大声叹息：“这个季度的工作目标又没有完成。”听到这位员工的话，我突然想看看有多少人在目标的实施上能够完成。结果，就有了课堂上刚开始的那一幕。

后来，就这一现象，我专门邀请了几位行长和业内的好友聚在一起进行讨论。我们在工作目标的制定上都持有相同肯定的看法。我们都认为工作目标的制定有利于为员工指定一个明确的工作方向，对于工作的完成有很大的促进作用。

但是对于工作目标的具体实施问题，这显然已经成为了职场上包括行长在内的所有员工的薄弱环节。经过长时间的讨论，我们的观点基本达成了一致，我们都认为在工作目标的制定上不应该只制定一个单独的总目标。而是应该在不同的工作阶段制定相应的子目标。按照子目标的工作一步步地去完成，最终也将会实现总目标的完成。

子目标是总目标的一个分支，一般都是指在短时间内的工作目标。子目标相对于总目标要更加容易去实现，但是子目标同时又是实现总目标不可缺少的重要环节。总目标的实现就是通过一个个的子目标的完成最终积累而成的。子目标的实现对于总目标的实现有着重要的意义。

在工作的过程中，设定一个工作目标是必不可少的，但是只有一个总目标是远远不够的。要想促成工作目标的顺利完成，在制定目标的过程中，也要有一定的步骤。

首先，要指定一个总的目标。这个总目标的工作范围可以是一个季度的，也可以是一年的，甚至可以是更加长远的。

其次，要制定一个个小目标，就是完成总目标需要具体去完成的工作。如果你指定一个一年的工作目标，那么你可以再制定一个一季度的工作目标。

最后，在这个小目标的基础上，你还可以制定更小的目标，一个月的，一周的，一天的，甚至是当下要完成的目标。

这样把一个大目标逐渐地细分化，把看似难以完成的大目标细分成一个个相对容易的小目标，这样在工作的时候就不会有太大的压力，工作目标也更加地清晰。

在目标具体实施的时候，实际上就是制定目标时的一个逆向思维。

具体的实施过程中，你可以暂时忽略大目标，而是着眼于最低一层的小目标。从眼下的小工作目标做起，一步步踏踏实实、认认真真地完成。然后紧接着去实现下一层的工作目标，最终实现总目标的完成。

实现目标的过程是一个循序渐进的过程，不可以急于求成。也不要因为这个目标太小太容易，从而放松自己的工作态度。总目标的实现都是这些看似不起眼的小目标一步步积累出来的。只有完成了子目标，才能保证最终目标的顺利完成。

定量目标与定性目标

在目标的制定方面，曾有一位行长向我表诉了他的烦恼。这位行长深知制定目标在工作中的重要作用，但是在具体的制定过程中，他却遇到了重重困难，导致了工作目标制定的不合理，工作也因此无法顺利进行。

在与他的交流中，我了解到，这位行长在工作目标制定中遇到的主要问题就是对工作目标的定量和定性划分的不合理，导致了工作目标在落实中难度增大。

关于定性目标和定量目标的划分，基本上都是企业的管理层的具体落实。在银行的日常工作中，面对众多的工作，行长作为银行的最高管理者一般都会给各个部门制定具体的工作目标。然后，各部门工作人员在总目标的基础上再进一步细分出具体的小目标。按照各个目标的具体要求，一步步去实现总目标。

一般来说，工作人员按照这样的步骤去努力工作的话，不仅工作压力会减少，而且会有利于总目标的顺利实现。但是，对于总目标的制定者——行长而言，他们就会面临对各个工作目标的定量或定性的划分。只有给工作目标一个正确的定位，员工具体实施起来才会相对容易许多。

所谓的定量目标就是指在具体的工作中可以用数字来衡量最终的

工作成果的目标。定量目标由具体的数字来计算，一般多指销售额或是业务量等数字型的工作内容。

定量目标是目标制定中相对容易划分的一部分，因为它有具体的数字约束，不论是行长在制定时，还是下属员工在具体的落实中都是十分明确的。这种量化式的目标，十分有利于员工去具体执行。一般情况下，员工接收到具体的定量目标后，就会在很短的时间内制定出相应的子目标。然后，按照具体的目标一步步地实施。

定性目标，不同于定量目标的数字衡量，它是不能用具体的数字来表述的，多是用一些描述性的词语。比如在制度的制定上，制定下一季度新的晋升制度或是财务制度；在管理方面，促进年内公司管理更加规范化；在工作环境方面，优化工作环境等。像这些工作目标，就是一些定性目标。它们没有具体的数字要求，但是却有一些工作程度的要求。

这一类的目标在制定上就显得没有定量目标明确，会给人一种无法衡量的感觉。很多人都认为定性目标没有具体的数字要求，不能定量，很难去具体衡量。其实这种想法是不正确的，定性目标不能量化绝对不代表不能衡量。定性目标就相当于领导制定的工作标准，是完全可以用定量目标的方式来衡量的。在一定制度的制定上和管理的优化方面，定性目标发挥着衡量标准的作用。

在定性目标的制定上，曾有一位行长表述过这样的观点：既然有一些工作的定性目标无法衡量，那不如干脆不要制定。比如前台的工作人员每天要接待多少顾客或者部门文员每天要处理多少文件。这些都是无法用数字来衡量的。这些工作虽然无法用数字来衡量，但是难道就不需要一些特定的工作标准吗？比如前台的工作人员，在接待客人时要面带微笑，声音亲切，服务周到；文员在处理文件时要及时、精准、有序。这些虽然没有量化，但是却是这一类工作的定性目标，是员工在工作的过程中必须做到的。

对于定性目标不能用数字表示的问题，行长在给下属员工制定工作目标的时候，可以尽量避免用数字来表述工作目标，而是多涉及一些定性的工作标准。让员工意识到，虽然工作目标没有数字来约束，但是同样有具体的标准来规划。这样员工在完成一些定性目标的时候，就避免没有工作方向的现象发生。同时也可以像定量目标一样激发员工的积极性，提升员工的工作效率。

行长在给下属员工制定具体的工作目标时，应该根据不同工作的性质去具体划分。不管是定量目标，还是定性目标，对于所有员工而言都应该认真对待，踏实完成，努力落实每一项工作目标。

2. 目标管理的具体要求

对于工作目标的管理并不是盲目无章的，需要根据具体的管理要求，依照一定的规则科学有效地进行。

目标实施的四大原则

对于很多人而言，目标的制定也许没有太大的难度，但是目标的实施却存在很大的难度，需要很强的执行力和意志力。

就像我以前曾举过的一个例子，在课堂上对学员目标实施的情况进行现场调查，调查的结果我至今仍记得十分清晰。几乎所有的学员都制定过工作目标，但是只有少数的人具体实施了部分的工作目标。

当时这个调查给我的感触很深，我个人也曾经历过这样的时期。面对繁重的工作压力，制定一大堆的工作目标，但是在具体的实施过程中却是一拖再拖，总是为自己找各种不去具体实施的理由。比如，这个很简单，明天再做也可以完成；今天心情不好，这个目标就留着下次一起完成吧。想必很多人都有过这样的经历，结果也都是没有定时定量地完成自己的工作目标。

面对这样的状况，我也曾迷茫过一段时间，在思考的过程中，我总结出来了目标实施的四大原则：

原则一：制定科学合理的目标。

我经常对我的学员说，一定要根据自己的实际能力去制定相应的工作目标。工作目标只有符合自己的能力范围，具体实施起来才会更加顺利。并且面对一些力所能及的工作目标，工作的积极性也会最大限度地被调动起来，工作效率也会大大提高。

面对大量的工作，根据自身的工作能力和工作要求制定出科学合理的工作目标，在实施的过程中以最佳的工作状态去面对，对于工作质量的提高和自身能力的提升都是十分有好处的。

我就曾经遇到过这样一位银行人员，他是一个十分有上进心的人，工作起来十分拼命，可以说是一个十分要强的人。在他的工作过程中，他总是希望自己做得比别人出色。因此，为了能取得傲人的成绩，他给自己制定了超额的工作目标，几乎是以一种自我强迫的形式鞭策自己去完成更多的工作任务。可是，这样盲目制定的工作目标并没有为他带来较好的业绩，反而造成了他工作质量的不断下滑，整个人也由于如此高强度的工作，最终累垮被送进了医院。

这个事例，就十分明确地表现出了制定一个科学合理的工作目标的重要性。盲目地制定不符合自身能力范围的工作目标，只会给自己造成更大的工作压力，工作效率和工作质量也会因此受到很大的影响。

原则二：不断地自我检查。

“人非圣贤，孰能无过。”任何一个人都有出现失误的时候，在工作的过程中，面对大量繁杂的工作，谁都不能保证一点错误都不犯。要想最大限度地避免错误的发生，就只有在工作的过程中，不断地进行自我反省与检查。

就我自己而言，我也会在工作上偶尔出现一些小失误。但是在工作中我有一个特别好的习惯，就是定期地进行工作目标的检查。在错误的危害还没有蔓延开的时候，及时地发现，并作出改正。这样的自我检查，能够很大程度上避免错误的发生，即使是对于一些已经出现的错误，也会因为及时的改正而大大降低错误的危害性。

原则三：最大限度地降低运行成本。

任何一项工作目标的实现都是为银行争取更多的利益，争取最大的利益也是很多企业发展的本质目的。

在工作目标实施的过程中，要想获取更多的利益，首先就要最大限度地降低工作运行的成本。把工作成本控制在最低的范围内，是实现银行利益最大化的基础，也是工作目标的意义所在。

原则四：较强的执行力度。

对于执行力这个问题是许多企业领导都十分关注的问题，执行力是职场人综合能力的具体体现。在一家银行机构中，上至银行行长，下至银行员工，他们对于工作目标的执行力都直接影响着整个工作总目标的实现和银行工作的正常运行。

面对一个总的工作目标和众多的子目标，要想能够按照目标的要求完成工作，就需要工作人员具备较强的执行力。俗话说：说到不如做到。在工作的过程中，无论工作目标制定得多么合理多么科学，如果不去具体地实施，那么工作目标也就不具备存在的价值。面对制定的工作目标，就应该积极主动地去落实、去完成。在不断的落实与完成中，工作积极性也会得到很大的提高。

工作目标管理的这四项具体的实施原则，在工作目标具体的执行过程中有着十分重要的作用。谨遵这四项实施原则，再加上自身的努力，一定会在工作过程中高效地完成各种工作目标。

目标内容的五大要素

我的一位同事有一次约我去喝下午茶，在谈到关于工作目标的管理的时候，他突然打开随身携带的手提电脑，给我看了一份电子邮件。这份电子邮件是一位他的银行学员发给他的，内容是这位学员的工作目标。

同事告诉我，这位学员之所以把工作目标发给他，是希望我的同事能够帮助他分析一下到底是什么原因导致了他的工作目标屡屡不能按时按量的完成。

从同事那里，我大概了解了这位学员的情况：工作认真负责，十分努力。但就是在工作目标的实施上总是遇到许多问题。同事跟我说，他觉得这位学员在其他方面都没有问题，如果说有问题的话，现在只有这份工作目标的内容最有可能出现缺陷。

在同事的提醒下，我认真看了这份工作目标的内容，果然问题就出在这里。这是一份表面看起来十分有序的工作目标，但是细细想来，在很多地方却又缺少严谨性，也有许多不合理的地方。

在制定工作目标的过程中，目标的内容并不是可以随意制定的，它是要根据一些具体的依据和要素来完成的。

要素一：保证工作的高品质。

高品质的工作是所有工作的完美体现。在工作的过程中，经常会有上级领导对下级员工强调工作品质的重要性。对于一位优秀的员工而言，在工作目标的具体实施中，不仅要保证工作量的完成，还要保证质的达标才是最重要的。

有很多人在工作的过程中经常会有这样一种误区，他们认为工作只要做的多就是好的表现。其实，这种想法是十分不正确的。在具体的工作中，工作做的多只是一个方面，工作完成的好才是至关重要的。

高品质的工作，在任何一个机构都会受到肯定。高品质的工作不仅是个人能力的体现，也是个人晋升的硬性条件。包括银行在内的许多机构，在员工的晋升制度中都以员工的工作质量作为其晋升的重要参考指标。这样的晋升标准就是对员工工作质量的最大肯定，也是对员工工作品质的间接要求。

要素二：较强的时间观念。

目标的制定都是在一定的时间限制之内的。一年的，一个季度的，甚至每一天的。这些工作目标只有在规定的时间内完成，才能符合要求。

在工作目标的制定过程中，一定要合理地安排时间。给每一个阶段的目标都科学地分配出合适的时间。力争做到对时间最全面的掌握。在时间上有了概念，在具体的实施中才能争分夺秒，认真完成。

要素三：降低成本、避免浪费。

一个真正为银行考虑的行长，在制定目标内容的时候，一定是以银行的利益和发展为根本出发点的。在目标制定的过程中，要最大限度地降低工作的运行成本，在保证工作顺利进行的前提下，为银行节约更多的成本。

在具体的实施过程中，可以提前对工作进行全面的分析，以最为科学的工作方式尽可能地减少工序，为工作的完成减少更多的时间和成本。同时要时刻告诫自己要严格律己，绝对不能私自挪用办公经费。在工作的过程中一定要多动脑思考，面对工作不能蛮干，一定要学会有技巧地解决问题。这样才能更有效率地完成工作目标。

要素四：时刻保持正能量。

一个充满正能量的工作目标是最能够调动员工工作积极性的。面对每天重复的工作，也许很多人都会产生一种厌倦心理。在工作的过程中很容易会消极对待。但是一个充满正能量的工作目标，会给员工在工作的过程中带来新的希望和工作动力。

在制定工作目标的时候，保证工作内容的正能量，是顺利完成众多工作目标的重要因素，也是一项成功的工作目标的重要特性。

要素五：劳逸结合。

以前曾经发生过许多企业的员工由于不堪工作的重荷，最终累倒在工作台上的事情。这样的事情听起来总是让人觉得很寒心，也十分的惋惜。

具我所了解的，在银行的工作中，经常会有一些“拼命三郎”，他们为了工作甚至可以不分黑白昼夜。也许这样的工作方式会带来不错的工作业绩，但是却会给自身造成很大的伤害。不仅是身体上的，在心理上也会留下阴影。

其实，我觉的真正会工作的人，一定是一个懂得劳逸结合的人，在工作的时候十分的努力，但是在工作之余也很会生活，很懂得自我放松。这样身体上和心理上得到了放松，自然会有更多的精力投入到工作中，工作效率自然也会提升很多。

关于工作目标的管理内容的五大因素，是职场人在制定目标时需要重点注意的。在制定工作目标的时候不要盲目地去规划，而是要按照这五大要素科学合理地进行目标的制定与实施，最终才能收到好的成效。

目标合理化的六大特征

在工作目标的制定上，我一直在向我接触过的银行工作人员强调合理化的重要性。在制定工作目标的时候，合理化是工作目标内容的根本，科学合理的工作目标不仅有利于具体实施的顺利完成，还有利于调动工作的积极性和工作热情。

我曾接触过民生银行某网点的一位行长，这是一位十分热衷于制定工作目标的行长。他为自己和员工都制定了许多大大小小的目标，在工作目标的重要性上他给予了极高的重视。并且他一直深信自己积极制定工作目标的行为对银行的工作顺利进行是十分重要的，也是必不可少的。

但是根据这位行长的表述，我了解到，他制定的这些工作目标实际上在工作的过程中并没有发挥很大的作用，反而有时会制造新的麻烦，为整个工作的进行带来了不小的障碍。这位行长对此十分不解，也十分烦恼。

后来在我的进一步了解中，我终于找到了出现这种状况的问题所在，就是这些目标的制定在很大程度上不具有合理性。

这位行长在工作目标的制定上的是没有问题的，制定相应的工作目标对于工作的顺利完成的确是有着至关重要的作用。但是其作用的发挥，关键还在于工作目标制定得是否合理。

在我们的讨论中，这位行长向我列举了几项他所制定的工作目标，在我仔细的分析后，这位行长也意识到了里面的确存在着很大的漏洞。

要想促进工作的顺利完成，首先要保证制定的工作目标的合理性。也许有许多人不能很好地确定什么样的目标是合理的，其实工作目标的合理性具有显著的六大特征：

（1）明确的目标。

工作目标合理性的最主要特征就是具有明确的目标。

对于一些需要制定的目标工作，首先要对工作进行全面地分析与了解，提炼出其关键内容所在。然后再具体的制定过程中明确制定出具体的工作目标。

无论是总目标还是一些划分出的子目标，都要具有明确性。明确的目标有利于工作方向的把握，在工作的过程中以工作目标为方向，可以避免很多工作上的偏差，对于工作目标的顺利完成有很大的促进作用。

（2）严格的时间限制。

合理的工作目标具有严格的时间限制。

在任何一个部门的工作中，时间是永远无法被忽略的一个因素。在当代的工作环境中，工作节奏已经越来越快，面对越来越严格的工作要求，时间观念也越来越明确。

严格的时间限制，在工作的过程中实际上起到一种督促的作用。有了时间的限制，在具体的工作过程中，才能做到分秒必争，不断提高工作效率。

（3）具有一定的激励性。

行长在制定工作目标的时候，一定要注重工作目标的激励性。对于员工而言，具有激励性的工作目标才能激发出他们的工作热情。面对一定的鼓励，才能够更加积极主动地去完成工作。

对于很多员工来说，日常的繁杂的工作总会让人觉得十分沉闷。一旦工作目标中出现一些激励性的内容，就会让他们顿时又充满了工作的动力，工作起来自然会更加努力，工作效率也会有明显改善。

（4）松紧有度。

工作目标在很多时候会给人一种十分生硬的感觉，在工作的过程中会让人不自觉地产生一种紧张感。

但是让人过于紧张的工作目标对于工作的完成并没有很好的促进作用，有时反而会让人产生一种倦怠感。因此，行长在制定工作目标的时候，一定要注意松紧有度，在紧张的工作中为员工也为自己创造一些轻松的内容，在紧张的工作中穿插一些缓冲的时间，将更加有利于工作的完成。

（5）科学的管理。

对于目标的管理要十分注重科学性。对于很多的管理层，在工作目标的具体管理中，都会出现或多或少的盲目性。很多时候这种盲目性，对于工作目标的完成和工作效率的提升都会有一定的阻碍作用。

因此，在目标的管理过程中，一定要注重管理的科学性，避免盲目的管理方式，运用科学合理的管理方式促进总目标的实现和完成。

（6）注重自我约束。

人都有惰性，在工作的过程中不仅要依靠完善的工作目标来激励，还需要自我的约束，特别是针对一些约束力较弱的员工。在具体的工作中要时刻提醒自己工作的重要性，不能让自己的惰性妨碍工作的进行。一个注重自我约束的员工，才能更加有效率地完成工作目标，实现自我工作能力的提升。

合理的目标管理，在目标的制定和实施中都发挥着十分重要的作用，要想实现工作目标的最终完成，合理化的目标管理是必不可缺的。作为银行众多工作目标的制定者，行长在具体的目标制定中一定要遵循科学合理的管理方式，带领员工一起去达成目标为银行的发展努力奋斗，勇往直前。

3. 行长目标管理实战

行长对于工作目标的管理，需要落实在工作目标具体的制定、设立、执行和追踪上，这样才能达到有效的成果。

目标制定的SMART原则

在众多管理者的工作过程中，目标管理已经成为了一个十分有用的管理手段。它能督促实施者主动地去工作，对于员工工作效率的提高有很大的促进作用。

目标管理不仅能够为众多员工指引出明确的工作方向，而且为管理者提供了对员工绩效考核的标准。管理者在对员工工作的考察上，一般都是以工作目标的完成程度来评判的。这样的考核标准更具有公平性和科学性。

我在工作中了解到众多的银行行长对于工作目标的管理都十分的重视，在制定的过程中也是十分严谨的。由于工作目标在日常工作中起着十分重要的作用，制定的过程中需要更加注重它的科学合理性，严格按照目标制定的SMART原则来制定。

所谓的SMART原则就是目标管理的原则，是管理者在对员工进行绩效考核时所依据的标准。

SMART原则中，S代表具体(Specific)，是指在绩效考核中要有具体明确的考核标准，不能概括性地表示。M代表可度量(Measurable)，是指绩效指标是使用具体的数字来量化的，有十分明确的数据信息。A代表可实现(Attainable)，是指工作目标是可以实现的，只要付出努力和时间就可以完成。R代表相关性(Relevant），是指一项工作的目标和其他的工作目标是有一定的相关性的，并不是独立存在的。T代表有时限(Time-bound)，是指工作目标是有一定的时间限制的，在具体规定的时间内完成才能算是真正完成了工作目标。

S——明确性。

明确性是目标管理所遵循的一项原则。在目标管理的过程中，制定明确的行为标准有利于工作效率的提升。

几乎所有成功的工作团队都有一个明确的工作目标。明确性已经成为了优质工作目标的显著特点。

因此在目标制定的过程中，要想取得较好的工作成果，一定要设定一个明确、清晰、详细的工作目标。让员工在具体的实施过程中，根据制定的工作目标能够有一个清晰的工作思路。清晰的工作思路最终也一定能带来较为成功的工作成果。

M——衡量性。

目标制定所体现出的衡量性，主要表现在众多的工作目标可以用一些具体的数字呈现出来。这些量化的工作目标就是一些十分明确的数据，清晰明确的数据在员工具体的实施过程中具有很好的导向作用。

员工在工作中，面对具体的工作目标的数据，可以很快地确定接下来工作的方向，能够快速地进入工作状态中。

行长在制定具体的工作目标时，能够量化的工作目标就尽量量化，不能量化的就进一步地细化，制定出更明确的工作目标。这样的划分方法十分有利于工作的完成和工作效率的提升。

A——可实现性。

目标的制定，是为了能够让工作更加容易地实现。因此在制定工作目标时，一定要切合实际去制定。千万不能超越员工具体的工作能力去制定，适当有度的工作目标才是科学合理的。

行长在制定工作目标时，要全面地了解员工的工作能力，在他们能力允许的范围内制定出能够让员工接受的目标。有一些领导制定的目标由于不切合实际，使得员工在刚接触时就已经产生了畏惧心理，从而从心理上否定了自己的完成的能力。那么最终的实施结果一定是不理想的。

因此，行长在制定工作目标时，一定要切合实际，让员工觉得依靠自己的能力能够完成，这样就能够很好地激励员工积极主动地去完成。

R——相关性。

目标的相关性是指在制定工作目标的时候，一定要把此时需要完成的工作目标与其他的工作目标联系起来。

对于银行而言，所有的工作目标都是为了银行能够更好更快地发展。因此它们之间是有着十分密切的关系的。在具体的制定过程中，要把所有的工作目标都有机地结合在一起，以银行的快速发展为总目标，实现所有子目标的有机结合。

T——时限性。

时限性就是指所有的工作目标都需要在限定的时间内完成。面对不同难易程度的工作，行长要根据具体的情况进行合适的时间分配。给所有的工作目标都设定合适的时间限制。有了时间的限制，就会在很大程度上给具体的实施工作起到很好的督促作用。员工在具体的工作中，面对有限的时间会不自觉地提升工作效率，有利于工作目标的准时完成。

目标制定的这五项原则，是行长在制定工作目标时十分重要的依据，五项原则缺一不可。行长依靠自身的工作能力，在遵循这五项基本原则的基础上，一定能够实现工作目标的有效管理。

目标设立的七个步骤

我曾经给民生银行的员工进行过一系列的课堂培训，其中有一节课的话题是关于工作目标设定的步骤的。

我记得当时在这节课上，我并没有一开始就发表自己的看法和观点。而是现场询问了一些学员的看法，询问他们在工作目标设定的过程中哪个环节最为重要。有的说只要认清目标，接下来就可以直奔主题了；也有的说把握住时间最重要；还有的说能力最重要。关于学员的这些说法，我没有直接给予评定，而是紧接着展开了目标设定的步骤的讨论。

我告诉学员们，他们所说的都是制定工作目标的过程中必不可少的，但是要想设定一个优质合理的工作目标，就需要把这些重要的因素串联起来，有序地排列成工作目标设定的七个步骤：

第一步：确定出明确的工作方向。

确定一个明确清晰的工作方向是整个工作目标设定中最为关键的一个环节。一个明确的工作方向就像一面领头旗帜带领着整个工作目标顺利完成。

在确定工作方向的时候，一定要大胆地去想，去思考。有很多的人一遇到稍有难度的工作，就不敢去面对，不敢去思考怎样去完成。

这样是十分不利于最终工作目标实现的。

面对一项新的工作，一定要快速准确地确定自己到底想达到什么样的效果。不管你能达到什么样的效果，首先你敢去想，就说明会有实现的可能。在设定工作目标时，尽量把自己的目标具体化、量化，用具体的数据来体现，这样明确的工作方向有利于工作目标的最终实现。

第二步：把工作目标书面化。

在工作的过程中，一旦你确定了一个明确的工作目标，不要让它仅仅局限在你的脑海中，要把它书写下来，把工作目标以文字的形式呈现出来。

以文字形式呈现出来的工作目标，更加具体化，能起到时刻警醒员工的作用，在工作目标的具体实施中有很大的促进作用。

第三步：对可能出现的障碍拟定应对策略。

任何一项工作在具体的实施过程中都不可能一帆风顺，都会有一些可预想和不可预想的困难出现。

在工作目标具体实施之前，要提前对一些可能出现的障碍制定出一些应对策略。这些对可预想障碍的策略制定，在很大程度上能够降低其造成的危害程度。同时能够节省一些应对的时间，有助于工作效率的提高。

第四步：制定相应的实施计划。

有了工作目标之后，就要把大的工作目标精细化。每个环节、每个步骤都要在计划中体现出来。

制定实施计划首先要明确自己先做什么，后做什么，什么该做，什么不该做。有了明确的顺序，具体实施起来会更加顺利。

第五步：给工作目标加上一个期限。

工作目标的设定几乎都是在一个特定的时间期限内。只有在特定的时间内完成工作目标，才能实现工作目标的真正价值。

同时，面对一个庞大的工作目标，时间上的限制，实际上是对实施者的一种警醒。为自己的工作目标设立一个时间期限，必要的时候可以把工作目标细分化，然后再制定出更加具体的时间期限，这样有助于在实施的过程中激发自己的潜在能力。

第六步：把目标落实在具体的行动中。

再完善的工作目标，只有落实在具体的实践中才能最终实现。不要把自己的工作目标局限在自己的思想中，有了工作目标，一定要立马行动起来。迈开了第一步，就会有第二步，紧接着就会一步一步地完成。

我曾经遇到过许多在工作中空喊口号而不去付诸行动的人。他们在工作的过程中可能会制定出最为详细的工作目标，但是却不能用行动去具体完成，导致了工作任务的一拖再拖，影响了整个机构的工作进程。

因此，要想实现工作目标的有效完成，就要立刻行动起来，把目标付诸行动，用行动创造价值。

第七步：坚定自信心。

在工作目标的具体实施过程中，可能会遇到众多的困难。但是只要坚定自己的信心，踏踏实实地走好每一步，就一定能够取得总目标的最终实现。时刻保持着不怕困难的决心，也是增强自己的勇气、增添工作动力的有效途径。

这七个步骤对于目标设定具有相当有效的实用价值。在目标设立的过程中，谨遵这七个步骤，一定能够取得较好的成果。

目标执行的计划方案

在行长目标管理的实战中，目标的执行决定着整个工作目标的最终实现。在整个目标管理的过程中占据着十分重要的地位。

因此，对于银行行长而言，怎样具体有效地执行工作目标就成为了行长在工作目标管理中需要着重考虑的一个问题。

关于这个问题，我也曾和农业银行的一位行长进行过讨论。在讨论的过程中我们一致肯定了目标执行的重要性。并对工作目标执行的具体实施进行了激烈的讨论。这位行长认为只要制定了工作目标，紧接着按着目标去执行就可以了。但是我不认同这种观点，我认为对于工作目标的执行需要制定具体的计划方案，而不能毫无计划、盲目地进行具体的工作实施。这样只会导致目标执行的障碍。

为了能够让这位行长信服，我还特意列举了目标执行的具体的计划方案的大纲：

（1）银行行长提前预定工作目标。

在确定最终的工作目标之前，行长可以根据对银行工作的具体分析，提前预定出一项工作目标。

这一预定的工作目标并不是最终的工作目标，它只是最终工作目标的一个雏形。预定的工作目标是可以改动的。银行行长可以就这一雏形目标与中层管理人员进行讨论，有需要修改和完善的地方就及时做出修正。经过领导层的不断商讨对雏形目标进行反复地修改、不断地完善。

（2）对工作目标进行明确的职责划分。

在预订工作目标提出之后，就要开始着手于工作目标具体的职责划分。如果面临工作任务较大的目标，要先把大的总目标进一步细化出众多的子目标，然后将这些子目标分配到具体的员工手中，让每一个子目标都有具体的负责人。

这样详细的责任划分，有利于避免无主工作任务的出现，在很大程度上有利于工作目标全面完成。

（3）给下级确立明确的目标。

在对工作目标的职责划分完成之后，紧接着就要把具体的工作分配到下级员工手中，让员工在最短的时间内明确自己的工作目标。

在员工工作的具体分配中，上下级之间一定要保持一种相互尊重的关系。行长要给予下级员工表达自己意见的机会，员工提出来的合理的建议要积极地采纳。同时平等对待每一位员工，在工作的分配上坚持公平公正的原则，根据每一位员工的实际能力进行工作任务的合理分配。

（4）在上下级的意见之间寻找平衡点。

行长在具体的目标管理中，对于下级员工提出来的不同建议，不要一味否定，也不要盲目地认为只有自己的观点是正确的。在目标的管理中一定要避免受到自己主观思维的影响，造成工作目标的盲目性。而是应该在上下级的意见之间寻找一个平衡点，汲取双方的闪光点，有机地结合在一起，糅合到最终的工作目标中，这样的工作目标是最客观合理的。

（5）对目标具体实施过程的管理。

当工作目标分配到具体的工作人员手中后，很多的管理者都认为后面就没有他们什么事了。其实这种想法是不正确的。

从表面上看，工作目标已经分配到具体的员工手中，员工就会对工作全权负责起来。但是实际上行长并不可以就此放手不管，全部由员工来负责。他们在工作目标具体的实施过程中仍起着十分重要的作用。

行长要对分配下去的工作进行定期的检查，在检查的过程中加强与下级员工的交流，帮助他们解决工作中遇到的困难。并且可以根据具体的情况对工作目标进行适度的修改，促进工作目标的顺利完成。

（6）总结与反馈。

在各项工作目标顺利完成之后，行长要对这次工作目标从开始的设定到最终的完成进行一次全面系统的总结。对于过程中所遇到的困难和解决方法都要总结出来，这些都是保证顺利完成下一次工作目标的宝贵经验。

这些就是我为那位农业银行的行长列举出来的目标执行的大致的一个计划方案。听了我的计划方案，这位行长十分赞同。他也认识到在目标执行的过程中，制订详细的计划方案对于整个工作计划的顺利实施有着很大的作用。

目标追踪的注意事项

我从一项权威调查中发现，相对于欧美国家企业管理者较强的目标跟踪能力，我国的企业管理者在这一方面还存在很大的欠缺。

我国的管理者一般具有较强的指挥力和执行力，但是在与员工的沟通方面还存在很大的不足。这种沟通能力方面的欠缺，就会导致在后续的工作目标的跟踪和工作的检查方面出现很大的缺陷。

以我所接触过的一位银行行长为例，这位银行行长的执行力和指挥能力较强，在银行日常的工作中，工作十分认真负责，处理问题的能力也很强。但是唯有一点，就是不太善于与下属员工进行工作上的沟通。对于银行工作中一些分配下去的工作目标也没有进行及时的跟踪检查。因而导致过一些重要工作上的失误，给银行的正常运转也带来了一定的影响。

这位行长虽然具有很强的执行力，但是却在工作目标跟踪这方面存在很大的欠缺，从而影响了银行工作的顺利进行。这个事例也说明了要想成为一位优秀的行长，具备对工作目标的跟踪能力是十分重要的。

为了帮助这位行长增强自身的工作目标跟踪能力，促进工作目标的顺利完成，我总结出了在工作目标追踪中一些需要注意的事项。

首先，明确追踪的是最终的工作目标，而不是员工实现目标的方式。

很多管理者都会存在这样一种误区，就是在追踪的过程中他们很多时候追踪的不是最终的工作目标，而是员工实现工作目标的方式。

以一个简单的例子来说明：一位银行行长给一位员工制定了1000万的招商量，限定的时间是六个月。在目标具体分配两个月后，这位行长对员工的工作进行了跟踪。跟踪的结果发现这位员工在这两个月内只完成了200万的招商额，于是这位行长就开始对这位员工喋喋不休，表示对方的工作进度太慢，开始把自己的工作理念灌输给这位员工，甚至对这位员工的工作方式进行干涉。

这位行长的表现就是典型的追踪员工的工作方式，而不是工作目标。这种追踪工作目标的方式对于员工的工作目标的具体实施产生了十分不利的影响。行长在对员工的目标跟踪时应该明确追踪的只是最终的工作成果，至于员工有什么样的工作方式不应该过多的干涉，只要员工最终能够实现工作目标就可以了。

其次，要学会在追踪的过程中及时对员工的工作进行评价。

这里所说的评价，绝对不是对员工工作的干涉，而是通过对员工工作的全面了解，及时指出员工工作中所出现的问题。

具体的追踪内容包括工作目标是否偏离，工作重点是否混乱，这些都是行长需要在具体的追踪工作中特别关注的。一旦发现员工的工作出现这些方面的问题，一定要及时地提出，避免员工在后续的工作中出现更大的工作失误。

最后，要保证追踪工作的持续进行。

有些管理者认为，自己已经对员工的工作在前期进行过追踪，并且指出了相应的问题，给出了一定的建议。那么后面的工作就不需要浪费时间和精力进行工作目标的持续跟踪了。某些管理者的这种想法是十分片面的，在市场经济中，银行的工作很容易受到金融因素的影响。在工作中可能出现的问题有很多，也有许多是无法预知的。因此行长的目标追踪工作绝不能只进行到一半而停止。一定要定期地对员工的工作进行追踪，对于其在工作中出现的新难题及时地给予帮助。

这样才能保证员工工作目标的顺利完成，也能进一步促进整个银行工作的正常进行。

这三点注意事项对于一些在工作目标追踪能力上相对薄弱的银行行长是十分有用的。通过对这三个注意事项的关注，能够很好地避免很多问题的产生，对于工作总目标的实现有很大的促进作用。

4. 银行绩效标准的制定

合理的绩效标准，对于员工工作的有效进行发挥着积极的作用。绩效标准的制定则需要按照一定的指标规则来进行。

制定绩效的基本原则

从现实的角度来看，对于企业的员工而言，他们最关注的就是自己的工资。在一次银行培训课上，就曾有学员直接地向我提问："怎样才能让领导给我们涨工资？"很显然，关于工资的问题是员工始终关注的焦点。

银行员工所关注的工资问题到了行长这里就变成了整个银行的绩效问题。

从行长的角度来分析，绩效就是行长所期望的员工工作给银行所带来的成果。从绩效表面的意思来看，"绩"就是全体员工的业绩，是他们的工作成果，也是企业利润目标的一种具体的体现。员工最关心的工资问题，也体现在这一方面。“效”是一种工作行为的体现，所指的不仅包括员工的工作效率、工作效果，还包括员工的工作态度、工作方式以及自身的品行和行为。“效”更多的时候表现的是一个人的德行。对于行长而言，在他对员工的晋升和重用的选择上，不仅会考虑员工的业绩，员工的品行也是重要的参考标准。

绩效在整个银行管理的过程中占据着十分重要的地位。对于银行而言，绩效既体现出了银行员工的要求与期望，也体现出了银行对员工的要求与期望。两者之间相互影响，相互作用。在整个银行的正常运转过程中，绩效管理对于员工的成长和银行的发展都起着关键性的作用。

因此，制定一项合理的绩效标准就成为了行长在工作的过程中十分重要的一部分。作为一名银行培训师，关于银行的绩效标准的制定，我给行长的建议就是一定要遵循制定绩效的基本原则。

原则一：目标要清晰。

行长在制定绩效考核标准的时候一定要清楚自己想要达到的目的是什么。想要员工为银行带来更多的业绩，那就针对这一目标制定相关的考核标准。千万不要在制定绩效考核标准的时候，迷失最初的目标，浪费了时间和精力，最后也没有收获相应的成果。

原则二：制定客观的考核标准。

绩效考核是面对所有的银行员工，因此在制定考核标准时一定要客观公正，让那个每一位员工都享受公平的考核制度。这就需要行长在具体的制定过程中把考核标准具体量化。以清晰明确的数字对员工作出具体的工作业绩要求，让所有的员工能够通过这些具体的量化标准在最短的时间内进入工作状态、找准工作方向。

原则三：正确面对考核的心态。

很多行长在制定银行绩效考核的标准时，总是会担心这样的制度会受到员工的排斥。实际上行长的这种想法是不正确的，绩效考核的实行是银行文化底蕴的一种体现，也是考验员工心理素质的一种方式。

实际上很多的银行员工，都曾向我透露他们并不排斥银行的考核制度。他们觉得这是对自己工作成果的一种检验方式，也是督促自己不断进步的强大动力。对于公平公正的绩效考核他们是十分欢迎的。

原则四：与员工的薪资和晋升紧密联系。

银行的绩效考核主要面对的是银行的全体员工，既然以员工为考核的主要对象，那么就要充分想到员工想要得到什么。

员工工作的最基本的目的就是获得薪酬，因此行长所制定的银行的绩效考核一定要与员工的薪资和晋升紧密联系在一起。这也是促进员工积极工作、提升业绩的最大动力。

以上四点，是我作为一名银行培训师在行长制定工作绩效方面所给出最中肯的建议。这几项基本原则将会在行长制定绩效标准的过程中发挥重要的作用。

关键绩效指标（KPI）

关键绩效指标（KPI）是一种目标十分明确的量化式的管理标准。它主要是以“二八原理”为准则，在企业内部的运转过程中，对整个流程的输入键以及输出键的核心参数进行系统化的设置、取样、计算和分析，从而达到对流程绩效的合理衡量。

关于银行的绩效管理，我曾经通过电子邮件的方式和一位民生银行的行长进行过交流。由于工作繁忙等原因，我们没有机会当面进行问题的交流。但是通过电子邮件的方式我们也就银行的绩效管理问题展开了详细的讨论。

这位行长是民生银行刚上任不久的一位新任行长，我与他在一次学术论坛会上曾有过短暂的交流。这位行长深知绩效管理对于银行工作的重要性，作为一名上任不久的行长，自然想在绩效管理方面做出一定的成绩，一方面可以促进银行的正常发展，另一方面也可以证明自己的能力。

因此，也就有了后来我们的交流与讨论。在交流的过程中，我也是竭尽所能地为这位行长提供一些有用的帮助，特别是在关键绩效指标KPI这一问题上，我重点阐述了自己的观点和想法。

关键绩效指标是银行绩效管理中十分重要的一部分，在行长衡量工作人员工作绩效的重要指标。

关键绩效指标是一种目标十分明确的量化式的管理标准。一项科学合理的关键绩效指标可以让行长在绩效管理的过程中十分清晰地确定出各个部门中层管理者的工作职责，从而进一步明确各个部门下属员工的工作职责。在银行整个绩效管理的过程中，关键绩效指标发挥着至关重要的作用。

我曾经开设过一堂以“二八原理”为主题的讲座，重点讲述了“二八原理”在银行管理中的重要作用。关键绩效指标就十分符合“二八原理”管理规则。在绩效管理的过程中，提炼20%的关键绩效，重点对这一部分绩效进行全面的分析和衡量，通过对这20%关键绩效的掌握，牢牢抓住银行整个业绩管理的重心。

在制定银行的关键绩效指标时，我为行长列出了两个重点注意事项：

（1）关键绩效指标一定是受到绝大部分员工认可的。

关键绩效指标的制定虽然是行长一手负责的，但是它最终的实施对象还是广大的银行员工，因此在关键绩效指标制定的过程中，一定不能主观地去认定，要积极地与下级员工进行交流与研究。认真听取下属员工的意见和观点，对于一些有用的建议要积极地采纳和听取。在上下级员工积极地交流中，对关键绩效指标进行反复地修改与完善，最终使得关键绩效指标以一种最为完善的状态运作在整个银行工作中。

（2）要认清关键绩效指标的“关键”性。

从关键绩效指标的字面就可以了解到，这一类的绩效指标具有明显的关键性。它所涉及的并不是所有的银行工作内容，而是对一些重点工作内容的体现。

银行作为市场经济中十分重要的金融机构，其所运作的工作内容十分繁杂。面对众多的工作，行长就要从中筛选出一些对银行发展影响较大的和一些在银行的正常运作过程中不可缺少的工作内容。把这一部分重点内容归纳到关键绩效指标的范畴内，然后以这一部分的重点内容去影响其他的工作，从而带动银行所有工作的顺利进行。

关键绩效指标的制定在整个银行的运作过程中发挥着十分重要的作用，因此在制定的过程中行长一定要以全面客观的态度，认清关键绩效指标的关键所在，结合上下级所有员工的情况制定出最为科学合理的关键绩效指标。

完善可衡量化标准

银行的绩效考核标准大部分是一些可量化的标准，具体清晰明确的数字贯穿在银行大部分的绩效考核中。

可衡量化的标准在具体的绩效考核中十分有利于员工工作方向的把握，对于员工的工作积极性也起到了很大的促进作用。

我所接触过的银行行长，对于工作业绩的量化标准都有着深刻的认识，也给予了很大的肯定。但是有部分行长，仍对已经形成的量化标准存在一定的认识误区，这一部分的误区主要存在于对工作绩效量化标准的完善上。

有一位农业银行的行长就曾在与我的一次交谈中向我表露他当时的工作困境。这位行长表示他在银行绩效管理的过程中进行得十分不顺利。对于银行工作绩效的制定他十分用心，也积极采纳了银行各个部门上下级员工的意见。最终经过所有员工的共同努力，制定出了一套十分有效的工作绩效标准。但是问题出现在一年后的工作阶段，当初执行起来十分有效的绩效标准，后来却在日常的工作中出现了大大小小的纰漏，甚至在很大程度上已经严重影响到了银行工作的正常运行。

通过这位行长的描述，我已经大致了解了这位行长所面临的状况，也总结出了出现这种状况的最根本的原因，就是在绩效标准制定出来的后期行长没有展开进一步的完善工作，最终导致了种种状况的产生。

对于绩效考核量化标准的完善，我总结出了几条具体的注意事项：

第一，建立后续的绩效考核的反馈制度。

在银行的发展过程中，员工的工作会随着大环境的影响出现各种不同的新问题。工作内容也会随之出现一定的变动，因此相对应的绩效量化标准也不是一成不变的，这一量化的标准应该随着新问题、新工作内容的出现而作出一定的改变。

因此建立后续的绩效考核的反馈制度，有利于对后续工作变动信息的收集。然后通过对收集上来的信息的整理，制定出相应的应对政策。这也是完善员工工作绩效可衡量化标准的重要举措。

第二，对绩效考核的模式进行进一步的分类。

行长在员工绩效管理的过程中，应该根据工作内容进行的具体情况，对绩效考核的模式进行进一步的分层分类，而不是一个模式用到底。在具体的工作中，行长根据出现的突发问题或工作的具体内容对员工绩效考核的标准进行重新审核、整理，然后根据具体的发展要求，对绩效考核的模式进一步分类。以最为合理的考核模式，避免问题的再次产生，促进员工工作的顺利进行。

第三，监督落实绩效标准的可衡量化。

在工作的过程中，要想保证工作绩效标准的顺利执行，行长就要定期监督落实绩效标准的可衡量化。

对于后期的监督工作，行长可以采取分级执行的方法。行长可以把一部分的监督权利分发到中层管理者的手中，然后中层管理者再把一部分监督权力分发到下一级的管理者手中。这样不仅减轻了行长自身的工作压力，还带动了全体员工监督落实工作的积极性，对于工作效率的提升有很大的促进作用。

工作绩效的量化标准，并不是一成不变的。在具体的实施过程中，行长要开展一系列的完善工作，及时地解决工作中所出现的各种问题，促进绩效标准的有效执行。

5. 银行绩效考核评估

在银行绩效考核评估工作的进行中，明确的责任人和合理的考核程序是考核工作顺利进行的有效因素。

明确考核责任者

我认识一位在某地农业银行人力资源管理部门的主管，银行的人力资源部门主要是负责人力资源的策划、人员的招聘与培训，以及员工的绩效管理和薪酬管理等事务，是整个银行系统中十分重要的一部分。

从人力资源部门的职责划分中，我们可以清晰地看出银行人员的绩效管理就是由人力资源管理部门来负责。很多人也都认为人力资源管理部门应该承担起员工绩效管理的责任，他们是银行员工绩效考核的责任人。

我所认识的那位农业银行人力资源管理部门的主管就向我讲述了

这样一件事：

去年年初，他所在的银行制定了一项新的绩效考核体系，但是到了年底这项绩效考核制度并没有实现预期的效果，甚至与前期预期的效果还相差甚远。绩效考核体系上出现的问题，也直接导致了许多员工的薪资报酬受到了影响。很多人都把这一问题出现的责任归咎于银行的人力资源管理部门，甚至有人向上级领导提议撤了人力资源管理部门主管的职务。这件事情让这位主管十分无奈和苦恼。

实际上在这件事上，这位人力资源管理部门的主管的确承担着一定的责任，但是他绝对不是整起事件的主要责任人。

很多人都会有这种误解，认为人力资源部门的主要职责之一就是银行的绩效管理。在工作的过程中，银行的绩效体系出现问题，那就应该由人力资源部门来承担责任。

实际上，这种观点是十分片面的。银行的人力资源部门的确负责着银行的绩效管理工作，但是在具体的绩效考核工作中，人力资源部门的主要责任，在于帮助银行行长建立一套可以更加直观全面地评价下级员工工作的绩效考核管理体系。

人力资源管理部门的工作对象实际上是银行行长，也就是说，银行行长才是整个绩效考核管理体系中的主要负责人。而人力资源部门只负责按照行长的要求建立和维护绩效管理体系，只能算是整个绩效管理体系的间接负责人。

也就是说，在整个银行的工作中，员工的绩效管理工作即使没有人力资源管理部门，行长也要负责下级员工的绩效考核工作。

在银行的管理体系中，对于某一项目的工作目标行长是最先知道的，在他们对工作目标具体了解之后，再分配到人力资源部门，下达明确的工作要求，由人力资源部门制定出符合工作目标要求的绩效考核标准，用以为员工指引出具体的工作方向，激发他们的工作积极性。

所以说，行长才是银行整个考核系统的主要责任人。在考核系统具体的实施过程中，一旦出现什么问题要积极向部门的上级领导反映，再由部门领导反映到行长那里，或者是员工直接把问题汇报给行长。再由行长组织管理层进行具体问题的分析，经过领导层全面客观的分析，确定出具体的解决方案。

在绩效考核工作的具体实施中，一定要明确考核的主要负责人，遇到问题直接上报给主要负责人。这样不仅可以避免在工作时间上的浪费，还可以尽快地解决问题，最大程度地降低问题带来的不良影响。

制定考核程序

我不是一个做事死板的人，但是对于一些具体的工作我却十分注重条理化和程序化。在我的培训课堂上，我就会对银行人员强调在某些制度体系工作中程序化的重要性。特别是银行员工十分关注的工作绩效考核体系的制定，这一方面的工作尤其要按照程序进行。

银行绩效考核的制定，是一项十分细致的工作，涉及银行所有员工的利益。在其制定的过程中，按照一定的程序进行，能够很好地避免很多问题的产生，也能够促进部门工作效率的提高。

根据我长时间的考察，总结出了银行的绩效考核制度形成的几个必经的程序。

第一，明确出绩效考核的目标。

在银行绩效考核的制定过程中，行长首先要明确出此次绩效考核的目标。也就是行长所期待的从这次绩效考核中得到的结果。考核的目标都是建立在促进银行发展的基础上的，在这一不变的基础上，进行合理的延伸。

行长制定出了绩效考核的目标，再把这一目标具体分配到银行的各个部门，各个部门的管理者再具体细化后分配到每一位员工手中。这样层层细分的绩效目标，有利于员工对工作目标的把握，并且实现银行众多工作的合理分工，对银行整体的工作效率的提升起着十分重要的作用。

第二，确定考核的期限。

我在培训课堂上经常向我的学员说这样一句话：时间是检验工作成效最好的工具。

这句话很好地表现出了时间在工作过程中的重要作用，同时也在另一方面表现出了工作期限对于工作进程的促进作用。

对于银行的绩效考核，在指定的过程中一定要明确出具体的工作周期，一年、一个季度、一个月，这些都是具体的工作周期。明确的工作期限，有利于员工加强对工作时间的把握，在具体时间的限制下，员工的工作效率也会有很大的提升。

第三，制订详细合理的工作计划。

制订具体的工作计划，对于一些具有时间限制的工作有很大的促进作用。面对繁杂的工作，一份详细合理的计划表能够让工作更具有条理性。

对于一些相对有难度的工作，在明确了具体的工作目标之后，可以把具体的工作进行时间上的划分。对划分出来的每一项工作都给予具体的时间限制。然后综合在一起形成一份细致合理的工作计划表。

第四，定期检验工作成果。

有时候员工可能会接到一份相对来讲工作期限较长的工作任务，工作难度也相对比较大。面对漫长的工作期限，在具体的实施过程中，很多人都会犯下直奔工作目标，不做定期检查的错误。

对于银行的绩效考核，定期的工作成果的检查是必不可少的。在具体的工作考核中，定期的工作成果的检查，有利于及时发现新出现的问题，及时发现、及时解决，有利于保证绩效考核体系的优质性。

第五，对考核结果的广泛应用。

对于银行而言，考核的目的就是提高员工的工作效率，改进工作绩效。但是一个阶段工作的考核结果并不仅仅只有这些作用，它可以应用在银行管理中的众多方面。

首先是与员工的薪资相关。

银行员工的薪资主要是由基本工资和绩效工资两部分组成。绩效工资就是根据员工的绩效考核结果来确定的，员工的绩效考核结果在很大程度上影响着员工的薪资水平。绩效考核和员工薪资的挂钩，也是促进员工积极工作的一种十分有效的方式。

其次是与员工的晋升有关。

员工的绩效考核结果是其能否取得晋升的重要依据。行长在决定员工能否晋升的过程中，会主要参考员工的工作绩效。工作绩效和晋升相挂钩的关系，也可以促进员工工作效率的提升。

以上列出的五项程序是银行制定绩效考核过程中的主要步骤。在具体的实施过程中行长也要根据实际情况进行合理的调整，一切旨在制定出合理有效的绩效考核体系。

6. 银行绩效结果实施

银行工作绩效的结果并不仅仅是一个数字呈现或是文字呈现，可以把它很好地运用在银行工作的其他方面。

强化绩效的导向作用

在我所接触过的银行行长中，其实并不是所有的人都认同绩效考核能带给银行工作更大的便利。曾经就有一位行长对我说：“绩效考核太费时、费力，消耗了太多的资源，结果也不是十分理想。即使最后取得一定的成效，我觉得也是得不偿失的。”

这位行长的观点其实也代表了国内相当一部分银行行长的观点，他们认为绩效考核不能为银行的发展带来具体实质性的利益。其实，这些行长对绩效考核之所以会产生的这样的观点主要原因就是他们在绩效考核的具体实施中，没有注重绩效考核的导向作用，也没有利用合适的方式发挥好绩效的导向作用。

绩效考核的导向作用。对于整个银行的工作运行都发挥着十分重要的作用。它在很大程度上决定着员工的工作方式。以正确的方式强化绩效考核的导向作用，对于获得较好的绩效成果有着很大的促进作用。

下面，我就具体讲一下强化绩效导向作用的三种方式。

（1）强化绩效的目标。

绩效考核的目标在员工的工作过程中具有明显的导向作用。什么样的绩效目标就会引导员工往什么样的工作方向去努力。

行长在制定员工绩效考核的工作中，如果他把绩效考核设定为提升员工工作效率的一种方式，那么他所制定出来的绩效考核目标就会引导员工努力工作、提高工作效率。如果行长把绩效考核定位在对员工的奖罚上，那么考核目标就会引导员工在工作的过程中把工作精力都放在避免错误的发生中。

具我了解，有的行长在绩效考核的实施过程中，错误地把绩效考核设定成对员工的惩罚工具。在具体的工作中，行长利用绩效考核体系，来引出对员工的惩罚标准。行长的这种错误定位，就会引导员工的工作行为以避免犯错为主，而忽略了具体的工作目标的完成。这样的错误导向必然会影响到员工的工作效率。

（2）强化实施过程的导向。

绩效考核实施过程的导向作用，主要体现在工作过程中对考核成果的定期检查上。

在员工的工作过程中，行长作为整个工作考核目标的主要负责人，应该对其工作成果进行定期的检查、追踪和监督。

行长在具体的检查过程中，不要盲目地注重员工的工作进度或是当时的工作成果，更不要对员工的工作方式进行干预。应该把检查的重心放在对员工工作过程中的失误和出现的问题上。

对于员工的工作问题及时地提出自己的意见，引导员工运用一种正确的思维方法和工作方式。这种工作思路上的引导能够让员工尽快走上正确的工作轨道，以最高的工作效率实现绩效目标的完成。

（3）强化绩效结果的奖赏作用。

对于员工而言，抛开促进社会经济发展和祖国繁荣昌盛这些宏伟的志向来讲，他们最实际的工作目标就是生存。工作就会有薪资，有了薪资就能够更好的生活。

行长在绩效考核的实施过程中，刻意强调绩效结果的奖赏作用，以完成工作目标所给予的奖赏引导员工更加积极地工作。绩效考核所带给员工的最切合实际的奖赏，是员工努力工作的强大动力。

对于那些对银行工作绩效考核体系存在异议的行长，他们的最大失误就是没有强化绩效的导向作用。我给这些行长的建议，就是从以上三个方面强化绩效的导向作用，最后都将会收到较为理想的工作成果。

加速考核结果的反馈

许多行长在工作绩效考核的过程中，都会忽略考核结果的反馈这一环节。他们认为绩效考核的目标完成就是最终的结果，考核反馈就是整个绩效考核中多余的一个环节。

实际上，对绩效结果的反馈才是整个绩效考核工作的最后一步。它是银行上下级员工对绩效结果的共同讨论和回顾。在绩效考核的最后这一环节，考核的结果将对员工的工作产生十分重要的激励作用。有效的考核结果的反馈对于银行的工作绩效管理有着十分重要的作用。

因此，在具体的银行工作中，要想取得较好的工作成果，就要重视绩效考核的结果反馈这一环节，并且利用正确的方式加速绩效考核的结果反馈，最大程度地发挥绩效考核结果反馈对于整个银行工作的作用。

在行长绩效考核最后一环节的考核结果反馈过程中，要想取得较好的成果，在具体的实施中就需要注意以下几个事项：

第一，加强考核结果的公平公正性。

工作绩效的考核结果和员工的切身利益有着十分密切的关系，这也是所有员工十分关注的一个问题。因此，行长在具体的考核结果的反馈中一定要注重结果的公平公正性，对所有的员工都以最为客观平等的方式进行绩效考核结果的总结。

有一些行长，可能会在绩效考核结果的总结中掺杂自己的主观思想。对于一些平常善于对领导溜须拍马的员工给予一定额外的奖励，考核结果也偏向于这一类的员工。要想成为一名优秀的行长，一定要学会对员工的言论进行筛选，对于一些阿谀奉承的话自动屏蔽。这样就会在很大程度上遏制这种不良风气的盛行，同时在员工中树立良好的工作形象，也更能保证整个绩效考核结果的公平公正性。

第二，为员工呈现详细的考核依据。

对于绩效考核的结果，很多员工可能会存在疑惑。“我的工作一直很努力，为什么绩效考核的结果却不理想？”“这项工作我没有出错呀，为什么会受到惩罚？”这是一些银行员工曾经在我的培训课堂上向我提出来的一些疑问。

面对这些员工提出来的疑问，我的第一反应不是思考怎么回答，而是联想到他们所在的银行在绩效考核结果的反馈上一定不够完善。

我之所以会有这样的反应，主要是因为一项完善的绩效考核，一定会在考核结果的反馈上为员工呈现详细的考核依据。也就是员工在考核中受到奖赏的原因和惩罚的原因。这样详细的考核依据的呈现，能够让员工从心底表示信服，也会对自己所犯的错误印象深刻，在很大程度上避免了下一次类似错误的发生。

第三，商定下一个绩效考核的工作内容和工作目标。

绩效结果的反馈并不仅仅是对本次绩效考核工作的一次总结，也是对下一个工作绩效考核内容的确定。

有很多的行长在这一方面存在误解，他们认为绩效考核结果肯定是针对当时的工作考核的内容，怎么会牵扯到下一个考核工作的内容？

我曾经向我的学员提到过，银行所有的绩效考核的目标表面上可能会有不同，但是它们的本质目标都是为了银行更好地发展。因此，所有的绩效目标都存在着十分密切的关系，很多时候一个绩效考核的结果会有承上启下的作用。它既可以对已经完成的绩效目标进行总结，也可以引导出下一个绩效目标的设定及工作内容的确立。

因此，在绩效考核结果的反馈中，一定不能忽略对下一个绩效考核工作内容和工作目标的设定和确立。这样对下一个绩效考核而言，也是一个良好的开端。对于接下来的考核工作有着十分积极的意义。

行长在进行绩效考核最后结果的反馈过程中，可以根据以上我归纳出来的这几条注意事项进行具体工作的实施。在具体的绩效考核结果的反馈中，尽可能地避免错误的发生，给此次绩效工作一个好的结尾，也给下一个绩效考核工作一个好的开端。

构建绩效管理循环

一个优质的绩效管理，实际上是一次绩效提升的持续循环的过程。对于银行而言，绩效管理主要是银行行长带领下属员工共同参与的实现特定的绩效目标的过程。

在这一持续循环的过程中，绩效计划、绩效辅导、绩效考核与处理、绩效反馈与申诉、绩效结果应用这五个方面是保证整个绩效管理循环完整性的主要环节。

在银行绩效管理的过程中，要合理有序地完成各个环节的关键点的制定和执行，为整个绩效管理循环系统的构建打造一个坚实的基础。

在整个绩效管理循环体系构建的过程中，经常会有一些人出现对具体环节认识错误的现象。我就接触过这样一位行长，他对银行的绩效管理体制的构建一直存在着某些误区。在绩效计划的过程中曾经出现过认识上的偏差，致使绩效计划制定的不合理，最终导致了整个绩效考核系统没有取得理想的成效，银行的正常工作也因此受到了影响。

这位行长在构建绩效管理循环的过程中所出现的失误，并不是个例，在我所接触过的银行行长中，就遇到过在各环节都出现一定的失误的现象。为了很好地减少在银行绩效管理体系建立的过程中问题的出现，我曾经就这一话题开设过一次专门的培训，帮助学员最大程度地减少问题的产生。在那次培训中，我重点对绩效管理循环过程中的五个主要环节进行了详细讲解。这五个主要环节为：

（1）绩效计划。

绩效计划是银行绩效管理循环的起点。银行建立完整的绩效管理循环的第一步，就是要通过全面系统的分析与研究，制定一项科学合理的绩效计划。

在绩效计划最终确定之后，银行行长就可以根据绩效计划的具体内容向下属员工进行具体的责任分配。然后，各部门员工再通过对行长下达的绩效指标进行具体工作的分析和研究，设定自身的绩效计划工作表，细化每一个绩效目标，制定详细的绩效计划督促自身工作的顺利完成。

（2）绩效辅导。

员工在接到行长下达的绩效目标后，不一定能够寻找到准确的工作方向和合适的工作方式。这就需要行长在绩效目标下达后，对下属员工进行绩效辅导。给予他们具体的工作指示和工作建议，对员工工作中可能会遇到的困难进行提前预知和分析，最大程度地降低问题出现的概率。

（3）绩效考核与处理。

员工在一段工作周期内的成绩是需要行长作出最终的考核和评价的。绩效的考核和处理是对员工在一定工作周期内工作成果的检验。

行长在进行这一环节的工作时，一定要注重考核过程的真实性和公平性。对于一些可量化的绩效目标，对于员工的绩效数据的收集一定要仔细用心，保证绩效数据的真实性和准确度。通过对这些收集上来的绩效数据的整理，对员工的工作表现作出最合理的判断、最公正的评估。

（4）绩效反馈与申诉。

绩效的反馈和申诉环节，在整个绩效管理循环的构建过程中，主要是对员工在完成工作绩效目标的过程中所出现的一些问题的反馈。

行长针对员工工作中所出现的一些普遍性的问题，进行详细的分析与讲解。帮助员工认识出现问题的关键因素，避免在接下来的工作中同样问题的再次发生。这一环节在很大程度上能够提升员工面对问题的应变能力和解决能力，对于员工工作效率的提升有很大的帮助。

（5）绩效结果的应用。

绩效结果的应用是对这一周期工作成果的一种肯定，也是扩大优质工作成果积极影响力的一种方式。

行长在这一环节通过各部门员工工作绩效的总结，给予员工相应的奖励，同时把员工的绩效结果应用在员工的薪资报酬中，作为员工晋升和绩效奖金发放的依据。

要想成为一名优秀的行长，在银行工作的管理过程中，一定要建立员工绩效管理的循环体系。运用这一体系，提升员工的工作积极性和工作效率，为整个银行的发展添加足够的动力。

Chapter4

团队修炼：有团队，才有领导

优秀的工作团队是银行发展的主要力量，也是一位优秀行长综合能力的具体体现。打造一个优秀的团队，是行长工作中十分重要的一部分。对于团队的建设、团队的管理、团队的授权以及对团队的激励都是一位优秀的行长需要重点关注的工作内容。

1. 全面方针政策下的团队建设

全面的方针政策，对于团队的建设就如同生命营养液一样重要。

岗位齐全，能力达标

任何一家企业的成功，都是整个团队共同努力的结果。在课堂上，我给学员讲述了一个关于在我们看来最为渺小的蚂蚁的故事：

在南美洲的草原上，天气十分的酷热，在远处山坡上生存着许多的蚂蚁。有一天，天气出奇的酷热，高温致使远处山坡上的草丛突然起火。越烧越旺的火势，让无数的小蚂蚁惊慌不已，很快它们就被熊熊大火逼得不知所措。火苗在它们的周围乱窜，慢慢地蚂蚁们已经到了无路可逃的地步。就在这时，让许多人意想不到的事情发生了，这些蚂蚁迅速地聚集在一起，紧紧抱成一团，蚂蚁球越来越大。然后这个蚂蚁球，看准时机迅速滚动着冲出火海。最后这群蚂蚁虽然有部分葬身火海，但是绝大多数的蚂蚁都逃过了这一劫。

这是发生在我们看来最为弱小的生物身上的一件事，我们不去追究这个故事的真实性，我们需要关注的是这个故事告诉我们的道理。对于这些弱小的蚂蚁，在面对困难的时候，它们选择团结在一起共同面对，最后的结果可以说是成功的。

这个故事所阐述的道理，用在一家银行的团队建设上也是十分合适的。在银行的发展过程中，必将会遇到许多无法预知的问题，要想以最高的效率去解决这些问题，必须依靠整个工作团队的力量，团结所有员工的力量与困难抗衡。

行长作为银行的管理者，肩负着建设一个优质团队的职责。在一个优质的团队建设中，行长需要注意以下两点：

首先，保证员工工作岗位的齐全。

对于一些没有接触过银行工作的人而言，就站在银行客户的角度来看，银行的工作岗位可能仅仅局限在他们所看到的银行营业厅的范围。实际上，对于市场经济中十分重要的金融机构而言，银行的运作环节十分复杂，工作岗位也很多。

面对这些复杂的工作，行长在安排岗位的时候，一定要保证工作岗位的齐全。根据员工的具体的工作能力和某方面的工作优势，作出最为合理的岗位分配。让每一位员工都可以在工作岗位上发挥自己的特长，寻找到自身的工作价值。这样不仅可以增加员工工作的信心，还可以提高员工的办事效率，对于整个银行的发展有着很大的促进作用。

其次，确保员工工作能力的达标。

就是具备相应的工作能力。对于银行也不例外，银行所有的工作岗位都需要具有相应工作能力的人员来完成。拥有较高工作能力的员工在具体的工作中将会以较高的工作效率完成相应的工作指标，工作能力较弱的员工在处理工作时就会相对较为缓慢，面对一些棘手的问题也会出现无法解决的现象，最终会导致工作任务不能顺利完成。

行长要想建立一个优秀的工作团队，在进行具体的构建过程中，对于员工自然是择优而选。员工工作能力的达标才能保证整个团队的工作质量。

行长在进行银行工作团队的建设时，一定要注意岗位齐全和能力达标这两大问题。从各个方面认真分析，为银行的发展创建一个“虎狼之队”。

卓越团队的八种“维他命”

曾经有一些银行的行长向我抱怨，别人是一个团队在共同做事，我也是组建了一个团队在做事，同样也建立了工作团队，为什么别人的团队取得了傲人的工作成绩，而我的团队的工作却一直毫无起色?

关于这个问题，其实原因是很明显的，团队在工作时工作成果出现较大的差距主要是由于团队整体工作能力的差异。工作能力整体能力较强的团队，处理工作时自然更有效率。工作能力较差的团队，工作成果也就不会太理想。

鉴于这种问题的产生，就更加说明了建立一支卓越团队的重要性。建立一支卓越的团队，对于整个银行的发展有着十分重要的作用。

我曾有幸接触过一些十分优秀的银行行长，了解到在他们的职业生涯中，建立的一支支卓越团队的经历。从这些经历中我受益良多，结合自己的工作经验，我总结出了建立卓越团队的八种“维他命”。

（1）明确建立团队的目标。

对于一个团队而言，团队的工作愿景和工作目标是整个银行工作的大方向，对于团队的工作也起着很好的指引作用和激励作用。因此，要建立一支卓越的团队，首先要明确整个团队的工作目标。

确立清晰的工作目标，能够让整个团队成员在最短的时间内明确自己的工作方向，知道自己要做什么、应该做什么。行长在进行这方面的工作时，应该全面地与每一位成员进行详细的沟通，结合所有成员的观点制定出最为合理的团队目标。

（2）团队成员的工作角色的合理分配。

对团队成员工作角色上的分配主要是为了做到物尽其用人尽其才的目的。

每一位成员都有自己鲜明的个性和独特的工作方式，在工作上的优势方面也大不相同。有的员工可能擅长于方案的策划，有的员工擅长于活动的执行，有的擅长于沟通，有的擅长于思维的拓展等，每个人擅长的工作内容都不一样。

因此行长在进行具体的团队成员的工作内容的分配时，一定要根据员工的具体工作优势，分配合适的工作内容，实现人力资源的优化配置。

（3）统一团队的工作习惯和规则。

一支卓越的团队最为显著的特征就是具有统一的工作习惯和遵循的规则。之所以建立团队，就是想通过团队成员的共同合作，取得较好的工作成果。怎样确保团队成员之间建立良好的合作性，这就需要团队成员在工作的过程中，通过不断磨合形成统一的工作习惯和需要遵守的规则。

（4）确立合适的沟通方式。

团队合作是众多成员为了某一个工作目标一起工作，在一起工作的过程中难免会出现一些意见上的分歧或是观点上的不同。想要在成员之间出现分歧的时候能够迅速地统一意见、解决问题，就需要确立一种合适的沟通交流的方式。

团队成员之间沟通交流的方式不是某一个人的主观意愿，而是在众多的成员中通过对他们处理问题的方式整合，从中寻找一个平衡点。最终形成的沟通方式，既能让每个人都接受，又能较快地处理公共矛盾。

（5）建立信息共享平台。

这里所说的信息共享，并不仅仅指工作内容信息的共享，还包括每个成员的工作经验和一些成功业绩的分享。

团队成员之间，通过个人经验之间的相互交流，增加自身的工作经验，与整个团队工作能力的提升有很大的促进作用。

（6）给予明确的奖罚制度。

优秀的员工是不断激励出来的。作为一名合格的行长，在管理团队员工的工作时，要建立明确的奖罚制度，对于员工的优秀表现，应该及时给予表扬和奖励。

奖赏制度的建立，在很大程度上对于员工有很好的激励和约束的作用，能够让员工明确自己该做什么，不该做什么，有利于降低错误发生的概率，提高工作的质量。

（7）明确工作标准。

明确的工作标准，主要是为了让员工知道什么样标准的工作才能达到上级的要求和期望。这样也会让员工树立明确清晰的工作方向，有利于工作的顺利进行。

（8）确立团队工作气氛的基调。

轻松、沉闷、紧张、创新、严谨等，这些都是一个团队工作气氛的基调。

行长可以根据整个工作的内容和团队成员的主体性格特征，为团队的工作气氛确立一种合适工作气氛的基调，从而展现出整个团队的风格。

以上这几点就是行长在组建一支卓越的团队时需要注意的重要因素，也是一支卓越团队维持活力的“维他命”。

2. 刚柔并济的团队规则

一个优秀的团队成长离不开行长对于团队规则的制定、维护和重建。

团队显规则

团队规则在团队成长和壮大的过程中发挥着规范和约束的作用，同时也为团队的发展指明了一个正确的方向。

行长作为银行团队规则的制定者和维护者，为了团队的长远发展，行长有义务也有责任制定出一份全面完善的显规则，作为团队成员的行为规范，为团队的修炼创造一个有序的环境。

团队显规则的制定并非一蹴而就之事，它需要行长经过对团队行为活动的具体分析以及对团队发展的合理展望，并且将之与银行的整体运营紧密联系在一起。同时行长在制定显规则时，还要谨遵团队显规则的以下几个特性：

（1）**合理性。**

合理性是银行团队显规则最终确立的前提条件，是团队成员自觉遵守的有力保障。

“这周领导又让我们加班，这样真是太不合理了。”这是在给农行的一次培训活动中，一位银行员工向我抱怨的话。这种抱怨的话，行长作为高高在上的领导几乎很难听到，但是却真实地存在于他的团队中。

我不知道这位农行的行长是基于什么原因让他的员工加班，我只看到了员工对于这种规则不合理性的抱怨。对于一个心有抱怨的员工，他的工作状态不会是良好的，工作效率也绝非是高的，这样的话，即使是每天都加班又有何意义？

举这样一个事例，我只想让行长意识到合理的规则才能够让员工信服，才能够促进员工心甘情愿地去遵守。

（2）**先进性。**

中国作为一个发展中的国家，在团队规则的先进性上还远远不及西方国家。西方发达国家银行业的繁荣，在很大程度上，是基于其在良好的社会制度的基础上所建立起来的一套先进的显规则，并且这套显规则已经成为行业内被大家普遍遵循的一种行为规范。

对于国内的银行业，在团队规则的制定上虽然近些年有了很大的进步，但是仍不具备团队发展所需要的先进性。因此，行长在制定团队显规则的过程中，应该学习借鉴国外银行的经验，取其精华应用到国内银行团队规则的制定中，确保团队规则的先进性。

（3）认同感。

团队成员对于团队规则的认同，是团队规则最终顺利实施的必备条件。团队规则的制定最终要应用在团队的管理中，只有得到团队成员的认同，规则才能够实现其真正的作用。

从某种意义上讲，一套成功的团队显规则应该是被团队成员当作信仰来遵守的，对于这样的显规则，团队成员抱有高度的认同感。换种说法，就是让显规则潜规则化，让员工从内心觉得这样的规则是非常合乎情理、非常自然而然的，有了这样的肯定，团队规则的实施也就会更加顺利。

团队的显规则对于银行员工而言是一项“阳光操作”，是能够真实存在于团队发展中的行为规范。制定一套合理先进的团队显规则是优秀行长工作中必不可少的重要环节，在赢取员工肯定的同时，还能够进一步促进团队的快速发展。

团队潜规则

对于规则，有了显规则就会有潜规则。

潜规则就是指一些明文规定的规章制度之外约定俗成的行为规

则。它所表达的意思不能通过语言直接说明，大都是依靠个人去领会。这些不能够被冠冕堂皇说出来的行为规则在多数人看来都是不好的，它所带来的影响都是负面消极的。实际上这样的观点是不全面的，潜规则在不同的环境、不同的事件中，所产生的作用是不同的。有不好的潜规则，同样也有好的潜规则。在银行团队的管理中，一些好的潜规则对于团队的建设和管理有着十分积极的作用。

银行团队的潜规则并不是任何一个人制定的，它是所有人在工作的过程中逐渐形成的一种被默认的规则。但是在这一过程中，行长作为银行员工行为规范的评判者，实际上就是团队潜规则的“幕后操纵者”。

作为团队潜规则的“操纵者”，行长在助力于团队好的潜规则形成的过程中，一定要谨遵好的潜规则的几种特性，避免不好的潜规则的发生。

（1）有利于团队的成长与发展。

好的潜规则被保留下来的前提条件就是要利于团队的成长和发展，这也是行长在促进团队潜规则形成时首要考虑的因素。

在我所接触过的银行行长和员工中，一些行长经常会陷入对员工工作能力不信任的困境中，总是担心员工工作不能顺利完成，浪费了很多时间。同时，一些员工也经常花费大部分的时间去揣度行长的心思，总希望通过这样的方式更好地迎合行长的想法，以至于不能够专心地工作。

这样的现象实际上就是银行团队中不好的潜规则，对于团队的发展十分不利。行长在具体的工作中应该积极避免这种潜规则的形成，以利于团队发展为首要条件，选择好的潜规则促进其形成。

（2）客观长远性。

团队的潜规则虽然不是银行明文规定的制度，但是要想得到行长的默认和肯定就必须具备客观长远性。

银行团队的潜规则绝对不能是银行某一个人的主观想法，即使是行长也不行。它必须是建立在众多员工的客观认知上，并且具有长远发展性。

据我了解，在某些银行的员工聘用上存在着这样一种不好的潜规则，银行行长宁愿出高价外聘能力高的员工，也不愿意加强培训自己的员工。在他们看来，培训员工是一件费时又费力的事情，即使培养出了好的员工，如果有一天他们离开了，那么就相当于便宜了其他银行，而外聘员工就不需要有这种顾虑。

实际上这是一种特别不利于银行团队稳定的潜规则，外聘的优秀员工虽然前期不用太多的投入，但是由于没有感情基础，在后来的工作中一旦遇到不顺心的事就极易拂袖而去，这对于整个团队的长远发展十分不利，这样的潜规则是一定要避免的。

打破不好的潜规则，对于银行团队的重塑起着关键性的作用，也是新时期银行发展中需要重点整顿的工作内容。对于一些利于银行团队长远发展的好的潜规则，行长应该积极认可，利用这些潜规则为团队成长创造更多的有利条件。

团队规则的维护与重建

相信许多平常开车的人都知道，车子在开了一定的里程之后，要定期去做保养和检修。这样才能保证车子性能的良好性。这种定期的保养和检查，不仅适用于车子性能的维护上，而且用于一些团队的规则维持上。

我曾经和一些银行的行长就团队的规则这一话题进行过深入的交流。我当时给行长的建议就是要像爱惜自己的车子一样，爱惜自己的团队规则，定期对团队的规则进行维护，必要时对部分内容进行重建。

我记得当时有一位行长，对我的这个观点并不是十分认同，当时他说："既然是规则就要保持它的稳定性，改来改去就不叫规则了。何况平常那么多的工作，作为银行的负责人工作量十分大，哪有时间用在对规则的维护和重建上？即使不去维护，规则一样是可以维持整个团队的工作运作。"

对于这位行长的观点，我当时并没有作过多的反驳，只是又重复强调了一定不能忽略团队规则的维护和重建。

时隔一年后，这位行长突然联系到我，并且向我讲述了他的工作状况。原来那次交流之后，这位行长并没有接纳我的建议，对于团队的规则制定完成之后便不再过问，其间也没有进行过定期的维护。

后来问题就出现了，团队在进行项目的跟进时，出现了一些突发情况，一些新的问题也随之产生了。但是由于团队的制度还处在只对问题出现之前的工作内容，行长也没有做出适当的修正，问题的影响因为没有得到及时的解决，导致问题越来越严重，整个工作的进度受到了严重的影响，工作质量也大不如前。

这位行长直到问题的影响扩大后，才意识到事态的严重性。也是通过这件事才明白，对团队规则定期维护和重建对于整个团队工作最终高品质完成的重要性。

针对这位行长在这方面出现的问题，我给出了一些具体的建议，帮助他渡过难关。

第一，指派专门的人员进行团队规则的监督和检查。

在团队工作的进行中，行长可以指派出特定的人员进行团队规则的监督和检查。在日常的工作中，认真落实对团队规则的监管，对于过程中发现的任何一个小问题都不能放过，认真记录下来，及时向上级领导汇报。千万不要认为问题小，就不重视。很多大的问题都是从小问题慢慢演变来的，“千里之堤毁于蚁穴”。

第二，行长要做定期的规则检查。

行长千万不要认为，已经把具体的监督检查的工作分配到具体的员工那里，自己就不需要再过多关注了。行长作为整个银行的管理者，应了解团队规则的任何细节的变化。对于员工的督查工作要做定期的检查，对整个团队规则的动向要始终保持积极性。

第三，对于检查过程中出现的问题一定要及时维护。

有些行长可能在工作中会出现这种状况，对于团队规则检查工作一直积极进行，但是对于检查出来的问题却没有付诸具体的行动去解决。导致了问题的扩大化，团队工作也因此受到了影响。

团队规则的维护和重建是整个银行团队工作进行过程中十分重要的环节，行长对于这方面的工作一定要重视起来，并且要积极地付诸行动，确保团队工作的顺利进行。

3. 银行团队日常管理

行长对银行团队的日常管理，离不开对团队冲突的解决。合理的领导风格不仅有利于矛盾的化解，还有助于团队凝聚力的强化。

六种领导风格的团队效用

行长的领导力与整个银行工作的正常运行有着十分密切的关系。很多时候，行长的领导力已经不是行长自身的需求，而已经成为了整个银行团队工作的需求。

作为一名优秀的银行行长，要学会根据银行具体的工作需求确定自身的领导力风格。要为银行团队工作的顺利进行，确定合适的领导风格。根据具体工作的情况和团队成员的需求塑造更加合理、更加有利于团队合作的领导风格。

在银行的团队工作中，可能会出现各种意想不到的问题。面对各种不同的问题想要轻松地应对和解决，就需要行长在众多领导风格中自由转换，确定出最有利于解决问题的领导风格，带领团队成员共同解决。

第一种：深思远虑型。

这一种领导风格的行长，在工作的过程中对于团队工作的发展极具远瞻性。这种领导风格十分适用于在团队工作出现问题，员工陷入工作迷茫期的阶段。

在员工对于当前的工作出现困惑时，行长极具远见性的领导风格能够为团队员工明确地指出工作的方向，能够让员工团结在一起朝着共同的工作目标一起努力。深思熟虑型的领导风格对于团队成员的工作激情具有很好的凝聚力。

第二种：指导型。

具有指导型领导风格的行长，在团队人才培养的工作上发挥着很大的作用。

指导型领导风格的行长，在团队的工作中，会把工作重点侧重在对团队成员的个人成长上。对于团队成员的工作表现会及时给予指正和建议，十分注重团队成员的精神层面和工作能力的共同成长。

第三种：激励型。

激励型领导风格的行长在团队的日常工作中十分注重对团队成员的精神鼓舞。在工作中，行长也会加强与团队成员的沟通交流，注重营造整个团队的和谐氛围。

激励型领导风格的行长在团队的管理过程中，通过加强与团队成员思想上的交流，建立相互之间的信任，增进上下级之间的感情，激发员工的工作激情，带领整个团队以高涨的工作热情迎接工作。

第四种：民主型。

具有民主型领导风格的行长，在具体的团队工作中，注重团队成员自主观点的培养。在团队工作遇到困难时，积极调动所有的员工共同面对。鼓励员工发表各自的意见和观点，然后行长筛选出较为合理的观点，用于问题的处理上。

第五种：高要求型。

这一类的行长在团队的工作中，会给团队成员设定一些高要求的工作目标。激励整个团队高效率地完成工作。这种表现对于团队员工具有一定的激励性，但是也会对员工造成较大的工作压力。因此在选择的过程中应该谨慎。

第六种：军事型。

军事型领导风格的行长，在具体的工作中会表现出极具军事化的古板作风。这种领导风格相对于当代的银行团队已经基本不适用了。

军事化的领导风格，极易打击到团队员工的工作积极性，对于整个团队工作士气的鼓舞易产生消极作用。但是如果遇到一些紧急事件，这种军事化的领导风格还是能够发挥一定的作用的。

银行团队的这六种领导风格在不同的情况下都会发挥着一定的作用，行长在工作的过程中应该学会面对不同的工作问题自如切换相应的领导风格，这样将会给整个团队工作的进行产生很大的促进作用。

团队冲突的五种处理方式

团队是多个员工和管理层为了共同的工作目标相互协作而组成的一个群体。团队的每一个成员都不是孤立存在的，但他们之间被共同的工作目标紧密地联系在一起。

在一个团队中，团队成员之间最基本的关系是相互合作的。但是由于在某些工作上的观点和做法的不同自然会出现一些无法避免的冲突。团队成员间的这种冲突，如果不能及时处理或是处理不当，也会给整个团队工作的顺利进行带来很大的负面影响。

我曾从一位银行员工那里了解到这样一件事，这位员工所在的工作团队是一个刚组建不久的团队，在团队协作的过程中还没有达到十分默契的程度。工作中经常会出现一些这样那样的小摩擦。有的甚至在一些与工作无关的方面也会出现一些小冲突。这些小摩擦、小冲突一开始并没有对团队的工作产生影响。但是直到有一天两位团队成员因为工作中的冲突大打出手，这件事情才受到整个团队的关注，对于整个团队成员之间的合作也产生了很大的影响，甚至严重影响到了整个团队工作的进行。

这位银行员工所在的团队中发生的这件事，就是典型的团队冲突。团队成员之间的小矛盾，由于没有及时得到解决和缓解，矛盾不断激化，最终将成员之间的个人矛盾上升到整个团队的矛盾。影响了整个团队工作的正常进行。

许多银行团队的冲突都是无法避免的，但是怎样能够很好地缓解这种冲突就成了维持团队协作关系的关键。

为了能够很好地缓解这些矛盾，我也总结出了五种处理团队之间冲突的方式：

（1）直接分胜负。

在银行团队成员之间的冲突中，可能会出现这样一种情况，矛盾双方各执己见互不相让，并且执意要分出胜负。对于一些矛盾的解决需要当机立断，对于处理矛盾的结果需要给出明确的答复。

（2）回避的方式。

对于团队成员之间产生的一些矛盾，有些矛盾双方选择不回应、也不解决的回避方式。矛盾产生了，双方想和解，却又不采取具体的合作行为，都处在一种“等着看”的状态，不愿意付出行动正面解决双方之间的冲突。

（3）一方迁就。

对于团队之间产生矛盾的双方，在处理矛盾时可能会产生两种截然不同的态度。一方愿意不考虑自身的利益甚至愿意牺牲自身的利益去迁就对方，而另一方却不愿意合作，只追求自身的利益。这样一方迁就另一方的矛盾处理方式在很多时候是十分不利于团队工作的正常进行的。

（4）妥协。

这种方式也是处理团队冲突的过程中一种类似于迁就的方式，但是这里的妥协是双方之间的迁就。面对出现的冲突，双方都作出一定的让步，同时也都保留一定的要求和利益。这种相互妥协的方式，有利于一种新的解决问题的方式产生。

（5）合作。

这种方式是目前几种处理团队间冲突最合理的一种方式。产生冲突的双方在解决问题的时候，所站的立场是要顾大局的，既要考虑到自身的权利和利益，也要考虑到对方的权利和利益。通过相互之间的合作，达成共识。

在具体处理银行团队冲突的过程中，应该根据具体的情况选择合适的处理矛盾的方式，以最为有效的处理方式，达到矛盾的最小化，共同利益的最大化。

凝聚力来源——愿景与协作

团队的凝聚力是维系整个团队相互协作关系的必要条件，并且对于整个团队能力的开发有着十分重要的关系。

团队的凝聚力实质上就是一种吸引力的相互作用。这种吸引力表现在团队对成员的吸引力，成员的能力对团队的吸引力，以及团队成员之间的一种吸引力。团队与成员，成员与成员之间的这种吸引力，最终形成了整个团队的凝聚力。

整个团队通过这种凝聚力紧紧地团结在一起，为了整个团队的共同工作目标一起努力。如果一个团队没有足够的凝聚力，那么这个团队就会像一盘散沙，面对团队的工作也就毫无合作之言，也就不可能完成团队的最终目标，团队也会因此失去存在的意义。

我所接触过的一些银行行长在团队凝聚力的认识上也十分深刻，但是怎样增强整个团队的凝聚力，则成了他们在团队的日常管理中重点关注的问题。

关于增强团队凝聚力的问题，我总结出了两大影响因素——愿景与协作。

（1）建立共同的团队愿景。

团队的愿景是团队所有的成员对团队发展的共同期望，也是对自己努力工作所能达到的最终目标的一种希望。

银行团队的愿景并不是团队领导人的个人意愿，也不是银行行长的主观思想。建立整个团队的共同愿景，行长不能依靠自己下达命令，或是以银行的规定为由，而是需要通过与团队成员进行不断的沟通，循序渐进地确立一种既能满足团队成员个人愿景又能促进银行长远发展的共同愿景。

共同愿景的确立，需要行长经过客观全面的分析和对银行长远发展的一种瞻望，最终确立下来的增强团队凝聚力的一种动力，是整个团队努力奋斗的精神寄托。

（2）加强团队的协作。

银行的团队协作是指团队成员为了达到共同的工作目标所表现出来的信息共享，相互合作的精神。

团队的协作能够很好地激发出员工的工作潜力。对员工创新思维和才智的激发有很大的促进作用。

团队协作注重的是团队成员之间相互合作的关系，通过团队成员之间的相互合作，提高整个团队的工作效率，有助于团队共同工作目标的实现。

行长在加强团队的协作关系时，要注重在团队成员之间建立一种和谐的工作关系。

首先，要给整个团队创建一个良好的人际氛围。

其次，要鼓励员工积极主动地参与到集体工作中，强调整个团队的协作精神的重要性。在整个团队中建立一种充满正能量的工作氛围。

再次，要在团队的成员之间建立一种相互信任的关系。

最后，充分发挥行长的领导作用，维护好整个团队的正常协作关系的确立。

加强团队的协作关系，在整个团队工作的进行中发挥着十分重要的作用，是行长在团队工作的管理中十分重要的一个环节。

行长要想在增强整个团队的凝聚力，就需要从建立共同的团队愿景和加强团队的协作这两方面重点着手，通过对这两方面的加强，最终实现整个团队凝聚力的大提升。

4. 有效授权，让团队成员各司其职

合理有效的工作授权，是团队协作和工作目标达成的关键。要想保证工作授权的合理有效，就需要行长按照团队授权的各大准则进行有效的工作落实。

合理授权是互惠式管理

在一个团队中，每一位团队成员都有自己的职责。对于每个团队成员工作权限的划分，是行长的团队管理工作中十分重要的一个环节。

合理的授权对于一个团队的成长和发展有着至关重要的作用。一个优秀的行长在团队工作的管理过程中，一定要学会合理地授权，给每一位员工都划分出相应的工作权限，让他们在工作的过程中最大限度地发挥自己的才能。

面对团队的众多繁杂的工作，行长作为团队的管理者，千万不要陷入凡事亲力亲为，对于大事小事都想凭借一己之力去完成的误区。

团队是一个相互协作的群体，每一位成员都有相应的工作，那么行长就应该合理地分配给他们相应的工作权限。对于工作中的各种事务，根据每一位团队成员的工作能力和工作优势进行合理的职责划分，充分调动团队成员的工作积极性和潜在的工作能力，共同努力，为整个团队的工作总目标努力奋斗。

第一，合理的授权，是行长对团队成员充分信任的一种表现。

在一个团队中，要想促进整个团队工作的顺利进行，团队上下级之间的信任显得尤为重要。这种信任，能够让员工和行长之间更好地进行工作上的沟通，对于工作中问题的发现和解决有很大的促进作用。

行长通过合理的授权，给予团队成员合理的工作权限，同时让团队成员感受到行长对其充分的信任。从而激发团队成员工作的积极性。

第二，合理的授权，也能够树立团队成员的主人翁心态。

行长通过合理的分工，给予团队成员一定的工作权限。这种工作权限的授予，能够让团队成员在心里迅速产生一种责任和义务。从而在接下来的工作中，尽心尽力，毫无懈怠。

第三，合理的授权，是培养团队成员的有效方式。

合理的授权，对于员工而言，是提升自身能力的绝佳机会。团队成员掌握了一定的工作权限，必定会想尽办法去做到最好。在这个过程中，团队成员会积极调动自身的资源，激发出自己的潜在能力，为能够更好更快地完成工作任务而奋斗。

作为一名优秀的行长，在团队的工作过程中，要充分看到团队成员的潜在工作能力。为他们工作能力的深层次开发提供合适的机会。通过合理的授权，给予员工自我能力提升的机会，挖掘出团队成员的潜在价值。

行长在具体的工作授权中，千万不要盲目地授权。在进行具体的授权工作之前，要对团队成员的工作能力和工作优势进行全面的了解。同时对于将要面对的工作进行全面客观的分析，清楚地掌握每一份工作的工作属性和具体要求。然后根据员工工作能力和相应的工作进行合理匹配，给每一位员工分配最合适的工作。同时也是给每一份工作选择最优秀的执行者。

行长通过对团队每一位员工的合理授权，能够激发出每一位员工的潜在能力，最终也能更加有效地完成整个团队的工作目标。

授权的三大心理障碍

在银行团队的管理中，行长担负着对团队成员授权的工作，肩负着合理分配团队工作权限的任务。整个团队的授权工作，对于银行行长而言，实际上也是一种工作能力上的考验的检测。

行长在具体的团队授权中，通过对团队各个成员和工作任务全面客观的分析，进行最为科学合理的工作权限的分配。合理的授权对于银行整个团队工作的顺利进行和整个银行的快速发展都有十分积极的作用。

但是在行长具体的授权工作中，也难免会遇到一些障碍，阻碍着行长授权工作合理、顺利地进行。

我曾经就银行团队授权的问题和一位农业银行的行长进行过交流。在具体的交流过程中，这位行长发表了自己对团队授权的看法。这位行长认为："行长是整个银行网点的最高管理者，自然应该掌握着团队工作的最高权限。对于团队的授权问题，只需要做做表面工作就可以了。面对具体的工作问题行长也是绝对有能力去解决的，因此行长绝对不能把过多的权力划分给团队成员。"

对于这位行长的观点我十分不赞成，很明显，这位行长的观点表明他陷入了团队工作授权的误区当中，他对行长的授权工作并没有做到客观全面的认识。

根据我的工作经验和对银行工作的了解，清楚知道行长在进行团队工作授权的时候，会遇到阻碍授权工作顺利进行的三大心理障碍。这三大心理障碍严重影响着行长团队授权工作的顺利进行，这必然致行长的授权工作陷入误区，导致团队授权的不合理。

第一种障碍：个人英雄主义。

很多的行长在具体的团队授权工作中，经常会带有浓烈的个人色彩。对于团队员工的工作权力，行长会选择性地作出一定的保留。有时甚至只分配一些毫无实质意义的权力给下属员工，表面上是给员工一定的权力，实际上最大的权力还是保留在自己手中。

这种行长在团队授权的工作中所表现的权力保留，实际上是个人英雄主义的具体体现。他们把一些重要的工作权力紧紧掌握在自己手中，甚至有些时候故意让整个团队感觉离开他工作是无法进行的，着重强调自己的重要性。上面提及到的那位农业银行的行长就是因为存在这种心理障碍，才会有那样的观点。

第二种障碍：对员工的不信任。

行长对团队成员的不信任，是团队授权工作中的一大障碍。在团队的工作中，很多问题的解决都是通过上下级之间的信任来完成的。行长对团队成员的信任是整个团队协作关系建立的重要因素。

行长在团队的授权过程中，由于对员工的工作能力或其他方面产生质疑，自然也就不会给予员工具体的工作权力，授权的工作也相对失去了合理客观性。

第三种障碍：授权内容和工作内容的不符。

这一方面的障碍主要表现在，行长对团队成员的授权的工作和具体的工作内容的不相符。

对于工作和权力的不相符，在很大程度上会导致工作方向的偏差和工作效率的下降。行长在进行团队的授权工作时，会错误地把授权内容和工作内容进行偏差性地连接。这种错误的授权方式不仅对团队成员的个人发展不利，对整个团队工作的进行也存在很大的不利影响。

行长在团队的授权过程中，经常会出现这三大心理障碍，这些障碍在很大程度上对于整个团队的发展和团队工作的进行存在负面的影响。要想成为一名优秀的行长，就要在具体的工作中消除这三大障碍，保证整个授权工作的合理公正性。

授权的四大原则

团队的授权对于整个团队成员能力的发挥和整个团队工作目标的实现有着十分重要的影响，是整个团队工作顺利进行的关键。

在我的培训课堂上，我经常对我的学员强调，想要成为一名优秀的银行行长，一定要不断提升自己的团队授权能力。对银行团队的合理授权，是整个银行工作正常进行的基础，也是应对银行发展过程中突发问题的法宝。

行长的授权工作并不是一个简单的工作，在具体的实施过程中，会遇到各种各样的问题和障碍，影响着整个团队授权工作的顺利进行。为了帮助更多的行长在具体的工作进行合理有效的团队授权，我总结出了授权的四大原则。

原则一：保证上下级之间的交流顺畅。

行长的授权工作直接涉及整个团队工作的划分，以及工作的质量和进度。对于整个团队成员能力的利用和潜力的开发都有着直接的影响。因此行长在具体的团队授权的过程中，一定要保证与团队成员之间建立良好的沟通交流的关系。

行长通过与团队成员的交流与沟通，全面了解团队成员的工作能力和工作优势,然后根据具体的工作需求按照员工的具体能力进行合理的分配。

行长也可以通过加强与团队成员的交流与沟通，激发员工解决问题的积极性，通过上下级之间的交流为团队工作中一些突发的问题商讨出最为合理的解决方式，促进整个团队工作的顺利进行。

原则二：根据具体的工作，确定具体的工作任务和授权。

行长在进行团队的授权工作时，一定要注重整个授权工作的合理性。一旦在工作的划分和权限的分配上出现一定的偏差，会影响整个团队工作的顺利进行。

行长要确保整个授权工作的客观全面性，就要根据具体的工作分析，确定具体的工作任务，从而进行合理的团队授权。

在团队的授权过程中，行长要以一种全面客观的工作方式，为整个团队授权的工作打造一个科学合理的平台。

原则三：对权限控制的张弛有度。

行长把工作的权力授予给员工，就要给员工足够的权力使用空间。权力的授予就表明行长已经把这份工作交与了这位员工，对于这位员工的工作能力和处事方式是充分信任的。那么行长就要给员工足够的空间去发挥他的能力，不要对员工的工作方式过多的干预。

在给予员工足够发挥工作权利的同时，行长也要进行适度的必要的工作监管。对于员工的工作进度和工作成果进行定期的检查，这样有助于行长对整个团队工作进行状况的掌控，对于一些可能出现的问题也可以进行及时的预知和预防。

原则四：不吝啬对员工的奖励和表扬。

这里所说的对团队员工的奖励和表扬，不仅仅局限于对员工金钱上的奖赏，还包括以授予员工更多的工作权限作为对员工优秀工作表现的一种奖励，这种授权上的奖励是对员工工作表现最大的肯定，也是行长对员工充分信任的一种表现。

我给行长在团队授权上的建议就是，在具体的团队授权中，一定要遵循授权的这四大原则，以最为合理有效的方式进行团队的授权工作，促进整个团队的和谐发展。

有效授权的七个步骤

行长的授权工作对于整个团队工作的顺利进行，以及对整个团队的发展都发挥着十分重要的作用。这一点也是我在培训课堂上经常向学员们着重强调的。

要想成为一名优秀的行长，在团队授权工作上一定要具备足够的能力和有效的处理方式。有效的团队授权是银行发展的基础，是团队壮大的动力，是员工成长的条件，影响着整个银行工作效率的提升。

有效的团队授权对于银行发展的重要性需要行长充分意识到，但是在具体的实施中，对于一些具体的工作步骤，很多行长都存在一定的迷惑和不足。针对这一点，我总结出了银行有效授权的七个步骤。

第一步：针对具体的工作选择合适的人员。

很多人在选择人生伴侣的时候，都信奉这样一句话：合适的才是最好的。其实这句话不仅适用于生活方面，在行长的团队授权工作中也十分适用。

行长在具体的团队授权工作中，一定不能盲目地进行工作与员工的匹配。要根据具体的工作要求选择具有相应工作优势的员工来负责，这样才有利于团队工作的有效进行。

第二步：放手让团队去做。

我就曾遇到过这样的行长，在对团队的授权工作中，总是喜欢把一些重要的工作权利保留下来，不进行具体的权限分配。

这样的做法我是十分不赞同的，要想保证团队授权的有效性。行长一定要学会放手，所有的工作都交给团队来完成，自己只保留一些监管的权力。这样有利于保证整个团队工作的完整性和进行的顺畅性。

第三步：具体详细的授权工作。

行长在进行具体的授权工作时，一定要保证授权工作的具体性。在工作授权中，全面详细地进行各个方面的分析与考虑。授权工作作为整个团队管理中的一项重要环节，要认真具体地对待。

第四步：积极听取团队成员的授权建议。

要想保证团队授权工作的有效性，行长在进行具体的授权工作时，一定要与团队成员进行全面详细的交流讨论。积极听取团队成员在团队授权方面的建议。

第五步：具体的工作明确工作期限和工作目标。

明确的工作期限有利于团队成员对具体工作时间上的把握，这对工作的进度也有一个很好的督促作用。

明确的工作目标对员工在工作方向上的把握有很好的促进作用，有利于团队成员在工作中时刻以工作目标为努力方向，促进工作的有效进行。

第六步：为员工提供有效的资源帮助。

在确定团队成员的具体工作权限后，行长要对自己已经掌握的资源毫不吝啬地提供给团队成员，帮助他们更好地进行团队工作的开展。

第七步：对团队成员的工作不要过多干涉。

授权就是要把工作的处理权限交给团队成员。行长既然已经交出了具体工作的权限，就不应该在对团队的工作进行过多的干涉。员工的工作方式即使与自己的方式有所不同，也不要迫使其更改，每个员工都有自己独特的处理方式，行长不应该过多干预。

以上这七个步骤，是一个有效授权最终确立的关键，也是银行行长在进行具体的团队授权工作时，需要重点关注的几个环节。

授权的五级量表

在银行团队的日常管理中，为了取得更好的管理效果和更加快速的工作效率，行长需要对团队成员的许多观点和看法进行全面的了解和掌握。通过对团队成员的全面了解，进一步地细化一些工作程序，改善一些工作方式，促进整个团队成员工作效率的提升和工作目标的实现。

作为一名银行培训师，我可以十分肯定地说，团队的授权工作是影响整个团队迅速发展壮大、整个团队工作目标快速有效地完成的十分关键的环节。在授权工作进行之前，行长需要对团队成员再工作过程中对各种问题的态度进行全面的了解和分析。通过对团队成员工作态度客观公正的了解，以此作为行长给团队成员授权的主要依据。

针对行长对团队员工授权调查方面的问题，我曾经向一些熟识的银行行长推荐过一种五级量表的调查方式，也就是李克特量表。以我的工作经验和对银行团队授权工作的了解，李克特量表是十分适合行长的团队授权工作的。

李克特量表是由美国社会心理学家李克特提出的，它是总加量表的进一步演变形式，是评分加总式量表中使用十分普遍的一种形式。李克特量表是通过加总的方式来计分的，单独的或个别项目是毫无意义的。

行长可以根据李克特量表的方式，在对团队成员的调查中，进行一系列的陈述，然后每一项陈述都给出五种回答，分别是：非常同意、同意、不一定、不同意、非常不同意。这五种回答相对应的会有一定的分数。“非常同意”对应的是5分，“同意”对应的是4分，“不一定”对应的是3分，“不同意”对应的是2分，“非常不同意”对应的是1分。

团队成员在做具体的调查时，根据自己的选项所对应的分数，最后计算出自己的总分数。然后可以根据计算出的总分数找出对应的结果。通过这一方式，行长可以很明确地看出团队成员的态度强弱和这一量表中的不同状态。然后根据每一位团队成员的状态，结合其他方面的因素进行具体的团队授权工作。

据我了解，很多的银行员工都做过类似的调查，但大多是关于性格的分析和态度的解剖。李克特量表在银行团队授权的具体工作中十分有利于行长授权工作的进行，并且其制定的过程也十分简单，操作起来也十分便捷。最终的结果也较为公正客观，有利于保证整个团队授权工作的公平公正性。

李克特的五级量表，是我十分推崇的一种银行团队授权的小助手。行长可以用它对团队成员的主观态度进行全面具体的了解，这是一种十分有效便捷的方式，同时五级量表也是一种行长与团队成员之间间接沟通的方式。

行长授权的四大改进方向

根据我的了解，银行行长的团队授权工作一直是众多行长在团队日常工作管理中十分重要的环节，许多行长对这一方面的工作也十分重视，一直在积极努力进行，力争在团队的授权工作中取得较好的成绩，促进整个团队工作的顺利进行。

曾经有一些行长就团队的授权工作与我进行过一系列的交流，怎样让授权工作变得更加有效是他们最关心的话题。

通过与众多行长的多次交流，我总结出了行长在授权过程中需要改进的几个方向，也是行长在授权工作中需要注意的方面。

第一，加强授权制度的建立。

行长的授权工作面对的是银行团队的众多员工。在团队员工的管理中，公平公正性是员工十分注重的问题，也是银行行长在具体的授权工作中需要着重关注的问题。要保证整个团队授权工作的公平公正性，就需要行长加强团队的授权制度。

严格遵循团队的授权制度是行长授权工作公平公正性的主要体现。但是在我与众多行长的交流中发现，很多的银行的团队授权制度还存在一定的缺陷，还有许多需要继续强化和改善的地方。

因此我给行长在团队授权工作中的建议，就是要注重授权制度的强化工作。授权制度的优质与否，在很大程度上取决于这个制度是否能够建立很好调整团队之间的责任、权利和利益的合理的规则。通过这种规则的建立，在团队成员之间确立一种良性的授权机制，从而有效地达到团队成员的能力和职权的平衡。

第二，加强上下级之间的交流。

我一直在向许多行长强调银行上下级之间交流的重要性。加强上下级之间的交流不仅对于银行的团队授权工作有着十分重要的意义，而且对整个银行的运转都有着必不可少的促进作用。

行长可以通过与团队员工之间的交流，更加全面地了解员工对团队管理的真实想法和建议。行长一定要认识到，团队成员是整个团队工作的直接的执行者，对团队成员的全面了解是整个工作权限分配的基础，是团队工作顺利进行的关键。

第三，优化团队的奖罚机制。

从某种意义上讲，奖罚机制是促进行长授权工作的十分有效的手段。行长可以通过制定明确的奖罚机制，让团队成员认识到实现工作目标的重要性。同时通过强化奖罚的效果，对员工的工作产生一种激励的作用，激发员工的工作热情。

第四，优化自身的用人理念。

我所接触过的行长中，在进行团队的授权工作时，对于人员的任用总是陷入一种误区。有的行长会认为只有学历高的员工能力才更强，而有的行长在任用员工时只考虑员工的能力，而忽略了其他因素，有的对员工十分苛求地追求完美。

以上几种都是不正确的，对于团队的授权工作也是十分不利的。行长在团队人员的任用时应该时刻保持一种客观、全面、公正、适度的态度，对于员工的选拔，合适的才是最好的，要全面考虑员工的品行，为团队的工作寻找最合适的责任人。

对于行长的团队授权工作是一项逐渐改进、逐渐完善的工作，以上四方面的总结是众多行长在授权工作上需要着重改进的方向。行长应遵循这四个主要的改进方向，循序渐进地完善授权工作，我相信，这样一定能够促进整个团队工作的顺利进行。

5. 激励，让团队更具生命力

合理有效的激励，对员工的工作积极性和工作热情的激发有着十分重要的作用。

金钱激励

对于银行的团队发展和壮大，一些必要的激励工作是必不可少的。团队成员的潜在能力和工作的积极性很多时候都是依靠某些因素的刺激才能够充分地发挥出来。因此，要想让一个团队更具生命力，更具有竞争力，激励是必不可少的。

我曾在一节银行培训课上，对现场的银行员工进行过一次简单的调查。我问现场的银行员工："对你们而言，工作的主要目的是什么？请给出最真实的答案。"当时80%的员工给出的答案是为了金钱，剩下20%的员工给出的答案，有的是为了自身价值的提升，有的是为了锻炼自己等。

80%回答为了金钱而工作的员工，他们是真实的。在职场中，许多领导在开会的过程中也会经常问类似的问题，但是很多员工碍于颜面，给出的答案并不真实。

后来，我在与一些银行行长的交流中，便把我在课堂上的调查结果告诉了他们。他们认为这一结果是意料之中的事。虽然 许多员工给出的答案并不是金钱。但是，作为一名有多年工作经验的行长而言，他们深知金钱激励对员工的重要性。

我也一直不否定金钱对于人的重要性。对于一名员工而言，需要保证最基本的物质需求，才可以更深层次地去追求精神上的提升。

也正因为这个原因，我认为金钱对于员工的工作有着不可忽视的激励作用。金钱上的刺激往往能够为员工带来最为直接的激励。物质上的需求是人类生存最为直接的需求，也是人类参加工作的动机之一。

金钱激励也是许多行长激发团队潜在能力的一种有效方式。但是在具体的金钱激励过程中，行长还是有许多方面需要注意的。

第一，保证金钱激励的公正性。

对于团队成员而言，金钱上的公正性是他们最为关注的一个问题。许多员工都会通过自己所得的报酬来判断自己是否受到了公平的对待。如果判断出自己受到不公平的对待，一定会影响其工作情绪和工作积极性。因此，行长在进行金钱激励时，一定要保证公正性。

第二，保证金钱激励的不平均性。

所谓的金钱激励，就是通过员工的工作成果进行不平均的金钱分配。因此行长在具体的金钱激励中一定要摒弃平均主义。以所有员工的具体工作成果和工作表现，进行具体的金钱激励。

第三，不要认为所有员工的金钱观都是一致的。

对于某些人而言，金钱的重要性绝对是无可替代的，但是对于另外一部分人而言金钱不一定那么重要。同等份额的金钱奖励，对于收入不同的员工而言，价值也是不一样的。因此，行长不要把所有人的金钱观都画上等号，应该具体情况具体对待，选择最合适的激励方式，有效激发员工的工作积极性。

金钱激励的方式，是行长激励团队员工工作积极性的有效方式，但不是绝对的方式。行长在激励的工作中应该适度地发挥金钱激励的有效作用，最大限度地提高员工的工作积极性和工作热情。

职业发展激励的四种方式

我在给银行人员做培训时，常常想象自己就是其中的一员，以他们的角度去进行自身的职业规划，这会更加贴近他们的真实想法。对于一名银行员工而言，在自己工作的领域内努力奋斗，成为这一领域最好的专家，想必就是银行团队成员的职业发展规划。

很多银行的团队成员都有这样一种职业发展规划，但是一想到要成为整个工作领域内的专家，他们就觉得难以实现。有一些银行人员就向我表示，他们觉得专家一般都是一些在技术研发方面特别有成就的人，像他们这样的员工要想成为专家简直比登天还难。

这种观点实际上是不准确的，专家并不一定单指一些技术研发人员，更多的时候是一些在某一工作领域具有十分丰富的工作经验和深刻独特认识的人。即使是一名银行员工，也可以通过自身的努力成为一名专家。

从这些银行团队成员的想法中，我认为并不在于他们在“专家”这一词上的错误解读，而是他们对成为专家这一过程的畏惧。

很多银行人员在一谈到自身的职业发展时，总是能滔滔不绝地表达自己的观点。但是最后却因为对实现过程的畏惧望而却步。他们都认为想要实现自身的职业发展规划实在太难，面对这样的状况，就需要行长在具体的团队管理工作中，积极地采取职业发展激励的四种方式，激励员工努力实现自己的职业发展出的目标。

第一，工作目标上的激励。

在制定员工的工作目标时，积极鼓励员工参与其中。对于团队职责的划分，一定要仔细全面地制定。让每一位员工都有一种主人翁的强烈责任感。

第二，优秀楷模激励。

对于一些在团队工作中表现优异的团队成员，把他们树立为整个团队的优秀楷模。鼓励其他的团队成员积极地向楷模学习。通过榜样的力量激发员工的工作热情，同时让他们知道，想要成功并不难，只要找对方法、努力付出，就一定能够取得像优秀楷模一样的成绩。

第三，荣誉上的激励。

从我对部分银行人员的了解中发现，对于一部分银行人员而言，其实对他们最具有激励的东西并不是物质上的激励，而是荣誉上的激励。

这部分的员工，在他们的职业生涯中，荣誉至关重要，是他们人生价值和工作价值的最高体现。面对这样一部分员工，行长适时地采取一些荣誉上的激励，更能激发出他们的工作热情。

第四，理想激励。

小时候，老师经常问学生："你们的理想是什么？"课堂上的孩子们总是争先恐后地说出自己的理想。长大后，很多人会发现实现理想的过程很难，但是因为是自己的理想，所以很多人都不愿意放弃。

面对那些难以舍弃的理想，行长完全可以把它作为激励员工积极工作、克服困难的法宝，用理想来激励出团队成员的潜在能力。

职业发展激励的这四种方式，对于行长激励团队成员克服困难、积极实现自身的职业发展目标有着很大的作用。行长在具体的实施中，根据情况选择合适的激励手段，以最为合理的方式促进整个团队的壮大与发展。

制度性激励

我十分乐意与一些在员工的管理上有着独特见解的行长交流，在与他们的交流中，我能够学习到对自己的培训工作有启发的观念。

在团队激励的问题上，我就曾与一些十分优秀的行长进行过交流。在我们的交流会上，有一位民生银行的行长曾提出了一些制度上的激励方式。这位行长认为金钱或奖赏上的激励只能直接刺激员工，是激发他们工作热情的激励方式之一。而在一些制度上的激励同样能够为员工带来一定的刺激，制度上的刺激因回避一些物质上的刺激，更能够让员工感受到工作中的正能量。

通过对这位行长观点的了解，再加上自己在此观点基础上的升华，我总结出了制度性激励的三个主要内容：

（1）管理制度上的激励。

管理制度上的激励主要表现在行长对员工在管理工作方面提供一定的方便，为员工提供便捷的管理渠道。

在具体的团队成员授权和工作划分的环节，充分调动员工参与其中，鼓励他们在团队的管理工作中发表自己的观点和意见。并对一些有积极意义的观点给以肯定，具体的管理工作中。利用这种便捷性，进一步激发出员工对于银行团队工作的积极性和工作热情。

（2）晋升制度的激励。

记得当时我在做制度性激励的课题准备时，我的助理就对我提出的这一晋升制度的激励提出了异议。

他认为晋升完全属于物质上的激励，不能划分为制度上的激励。但我的观点是，晋升制度上的激励在很大程度上，对于员工产生激励的关键点是晋升这一过程，而并不是晋升带给员工的薪资上的提升。

晋升制度上的完善，能够更好地利用晋升这一方式，激发团队员工寻求自我价值提升的上进心。通过这种激励方式，让员工更加努力地工作，为团队工作创造更多的价值。

（3）日常规章制度的激励。

良好的规章制度在团队员工的工作过程中，能够很好地激发出员工的工作热情和积极性。银行日常规章制度激励员工的关键在于公平公正性，一个让团队员工感受到被平等对待的规章制度，能够促进员工工作效率的提升。

这些制度上的激励方式，是激励银行团队方式中不可或缺的一部分。这一部分的制度上的激励，能够在员工的心理上或是精神上直接给予刺激，从而激发他们对工作的上进心，从而更加努力地工作。

非制度性激励

关于银行团队的激励方式有很多种，每一种都有不同的呈现方式。但是尽管激励的方式不同，它们却都有着一个共同的目标，就是激励员工释放出更多的工作积极性，投入更多的工作热情，为实现整个团队的工作目标更加努力。

激励的方式从制度的制定上可以分为制度性激励和非制度性激励。制度性激励顾名思义就是一些工作制度上的激励，非制度性激励相较于制度性激励，种类要更加丰富。

一谈到非制度性激励，很多人就会想到薪资激励、奖赏激励这些与金钱挂钩的激励方式。这些激励方式是非制度性激励方式中十分典型的几种方式。实际上，非制度性激励的方式除了金钱上的激励外，还包括其他方面的激励。

第一，金钱上的激励。

金钱上的激励，包括薪资、奖赏、晋升、分红等与金钱挂钩的激励方式。这些都是通过不同的方式，给团队成员带来利益上的诱惑。直接与金钱挂钩，会给团队成员带来最直观也是最强烈的刺激。

基于一些最基本的生活需求，许多人对金钱较为敏感。在工作中，一切与金钱有关联的激励方式，都特别能够引起团队成员的关注。为了达到某种金钱上的目的，他们会通过自身的努力带来工作上的优异表现，从而得到相应的金钱奖励。

金钱上的激励方式是所有非制度性激励方式中十分有效的，也是使用率较为普遍的一种方式。

第二，能力上的激励。

有些员工可能由于家庭条件好或是自身认识上的不同，工作中金钱的诱惑对他的吸引力不太大。这部分的员工往往在意的是自身能力的提升，对他们而言，自身能力的提升才是最大的财富或者说是他创造更大财富的基础。

面对一部分的员工，行长在进行具体的激励工作时，就不能单纯利用金钱作为激励，而是要选择一些能够提升员工工作能力的机遇作为激励他们工作积极性的方式。通过这些工作机遇的提供，满足员工在提升自身工作能力方面的需求，激发出他们对团队工作的热情和积极性。

第三，情感上的激励。

我曾经在与诸多行长的交流中，一再地向他们强调沟通的重要性。通过沟通不仅能够带来上下级之间观点上的交流，而且还会带来情感上的交流，是增进双方情感的一种十分有利的方式。

强调情感交流的重要性的主要原因，就是因为上下级之间的情感很大程度上能够让双方之间建立一种良好的合作关系，从而带给员工一些激励，促进员工更加努力地工作，最终实现情感激励的目的。

以上三种是非物质性激励中十分典型的激励方式。在日常的团队管理工作中，行长可以根据具体的团队成员的特点，选择出合适的激励方式，促进团队成员工作积极性的爆发。

奖励与惩戒的关系

奖励和惩戒是激励方式中较为常见的方式，两者之间存在着一种相应相生的关系。有奖励，相对来说就会有惩戒。

在团队的管理过程中，优秀的员工自然会受到奖励。一些没有达到相应的工作目标的员工也将会受到一定的惩罚。这种优奖劣惩的方式，在很大程度上会给予员工极大的激励作用。他们会为了得到奖励或是避免惩罚，选择努力工作，达到最好的工作成效，实现自己的工作目标。

奖励与惩戒是行长在团队的日常管理中较为常用的激励方式，也是产生效果较为明显的激励方式。

根据我的观察和调研得知，奖励和惩戒对于团队员工产生的影响并不仅仅局限在员工的工作行为上，同时还存在于员工的心理和精神层面上。在这一方面的影响，也是许多行长经常忽略的一部分。

尽管奖励和惩罚在员工心理和精神上的影响是众多行长容易忽略的一部分，但却又是不能忽视的一部分。从目前我所了解到的银行的奖励和惩戒的制度来看，还存在许多不完善的地方，这些不完善的地方可能会在具体的管理过程中对员工的心理和精神上产生一些不利的影响，有时甚至会产生一些反作用。

因此，行长在制定相应的奖励和惩罚的制度时，一定要不断地完善和优化，制定出合理的奖励和惩戒。在团队成员的工作行为和心理上都起到一定的积极意义，这样才能最终达到激励员工的目的。

奖励和惩戒在行长的管理工作中具有明显的相辅相成的关系，两者都是行长团队管理工作中十分有效的激励政策，但是两者都有利有弊。

对于奖励和惩戒政策，我想强调的是：奖罚不分大小。

我之所以着重强调这一点，主要是因为，在员工的工作过程中，如果对他的一些较小的工作成效不给予表扬的话，那员工也就不会作出较大的工作成效。对于员工而言，如果行长对于他们的一些小的工作成效不作出奖励，那么就无法激励他们作出更大的工作成效。

而在惩戒方面，如果对于员工一些小的错误不及时指出并给予一定的惩罚，那么员工的小错误一定会逐渐演变成大错误，到时就会对整个团队工作造成无法挽回的影响。

因此，行长在日常的管理中，一定要对员工做到从小成果开始奖励，从小错误开始惩戒。同时在处理奖励和惩戒的关系时，一定要以奖赏为主，惩戒为辅。奖赏对于员工是最好的激励方式，惩戒只是为了更好的奖赏而存在的。

奖赏和惩戒并不是目的，只是一种手段，是行长激发员工工作积极性和工作热情的一种方式。因此，行长在实行具体的奖赏制度时，一定不能为了奖赏而奖赏，更不能为了惩戒而惩戒。而是要通过这两种方式，为员工提供更加明确的工作方向，激励他们更加努力地去实现工作目标。

Chapter5

领导力修炼：塑造让人心悦诚服的影响力

行长的领导力修炼是一名优秀的行长在自我能力提升中十分重要的环节。领导力是行长个人影响力的具体表现。成为一名好的领导不仅要精于权力的运用，还要注重员工能力的提升。

1. 领导者肖像：好领导的关键特征

领导在企业的发展中充当“领头羊”的角色，一方面他要带领员工抵御复杂的市场挑战，另一方面也要想方设法地开疆扩土，扩大银行的业务范围。行长作为银行的最高领导人，怎么当好领头羊？这是困扰很多行长的问题。

优秀行长身上都具有以下三种较为明显的特征：

特征一：严于律己，宽于待人。

优秀的行长从不违背自己定的规则，严格规范自己的行为。在批评员工的时候，首先反思自己，看看自己有没有这样的毛病，有则改之，无则加勉。通过严于利己使自己成为公司榜样，让员工在榜样的影响下，在潜移默化中改掉自己的缺点。

优秀的银行行长不过分追究员工所犯的错误，不一味的指责他，相反，行长会帮助他，找到他犯错误的原因，然后针对原因制定出对策。让他快速地改正过来。通过宽以待人的方式，能获得更多员工的支持，更有利于行长工作的开展。

特征二：强大的管理和协调能力。

管理也是一种生产力，管理与协调能力对于领导来说，至关重要。科学有效的管理就像齿轮间的润滑剂，让整个生产机构高效运转。优秀的行长在银行日常管理的工作中都能够很好地发挥出润滑剂的作用。

我接触过一位农行行长，他在管理银行时，既采用了先进的管理方式，又结合自己的“土方法”。通过这两种方式让银行管理更高效，它的“土方法”就是让职员轮流当银行副行长，通过这种方式调动了员工的积极性，员工积极学习关于行长的知识，其业务水平在不知不觉中得到提升。

领导拥有强大的管理和协调能力，能科学地配置人力资源，统筹组合，实现资源的合理利用。

特征三：勇于创新，突破传统。

默守成规的领导，不但不能在激烈的市场竞争中力挽狂澜，反而使企业在循规蹈矩中黯然离场。要想在市场中站稳脚跟，领导必须要有敢于打破传统的勇气，同时积极进行新的战略布局，进行市场开拓。在我做银行培训师这几年，见了太多因为行长一味的默守成规，而使银行败下阵来，从此一蹶不振的典例。

现在的银行面临更多强势的对手，除了传统的商业银行，还有像余额宝、零钱宝、现金宝等新的投资方式，它们抢占银行的市场份额，银行必须通过破釜沉舟的改革，来防止它们蚕食自己更多的市场。

像中国农业银行北京分行的行长，从2004年建立电子商务支付平台，这几年随着支付平台的成熟，顺势又推出跨境结算业务，还全力推广“E商管家”电子商务服务平台。通过这些战略的实施，获得了更多的优质客户，更为自己获得更多的发展机会。

在这个创新型的社会中，创新的思想必须在领导者脑中时刻盘旋，通过创新让企业二次腾飞，固守传统思想只能使企业在碌碌无为中死去。好的领导应该做一个敢于“吃螃蟹”的人，通过“吃螃蟹”使企业储存更多的实力，让核心竞争力增强。

2. 领导者的权力运用

在一个企业中，领导充当着企业的大脑，统筹公司的发展，为各部门制定发展战略。但是在运用权力方面，很多领导却没能让权力发挥它最大的价值。只有通过将领导者的软硬权力相结合，才能达到事半功倍的效果。

管理的基石——硬权力

领导的硬权力能为决策的制定和实施提供最大的保障。硬权力也称法定权力，法定权力是根据领导者在企业中的职位而拥有的基本职能权力，通常来讲，责任越大，那么它的法定权力越大。

行长作为一个银行的最高领导者，在银行中他的硬权力最大，权力范围最广。合理地使用硬权力能使员工时刻有“居安思危”的意识，从而提升整个银行的工作效率。但是硬权力的过分使用会打击员工的积极性，让员工产生抵触心理。让我们先来了解一下行长的硬权力。

（1）人事任免的权力。

行长有可以任职新员工，解聘老员工，以及员工的调动权力。

行长掌握着员工的“生死大权”，这种权力可以给员工震慑力。这种震慑力的存在给行长制定新制度提供了保障。员工因为害怕自己被免职，就必须遵守这些规则，这更有利于新制度的实施。

这种权力有利于维护行长的权威性，权威是硬权力的附带产物。不是行长因为个人魅力取得，不能让人心悦诚服，所以行长要慎重运用这个权力。一方面要通过这个权力保证秩序的正常运行，另外一方面也要防止因过度使用这个权力，疏远自己与员工之间的关系。

（2）实施奖赏性的权力。

在银行工作的正常运转中，合理的奖赏，可以有效地激发出员工的工作热情和工作积极性，对于员工工作态度的调整有着很大的促进作用。

奖赏性权力是银行行长的硬权力之一。奖赏性权力即通过正面的激励引导下属服从命令、完成任务。给予加薪、提供晋升机会、授予头衔、改善福利待遇等等。只要下属顺利地完成任务，就会给予各种物质或精神奖励。

奖赏性权力的实施，使员工在物质奖赏的刺激下，提高自己的工作热情度，更加努力的工作，工作效率得以提高。

硬权力虽然能让员工服从命令，听从指挥。但是硬权力来源于领导者的外部，是职责所赋予领导者的，硬权力制定的制度，实际上就是采用一种威胁、胁迫的方式来让员工遵循，在这种胁迫的方式下实施制度，要想让员工心服口服有一定的难度。因此行长在实施具体的硬权力时，要把握住一定的度，把权力的发挥控制在合适的范围内。

管理的催化剂——软权力

“天下莫柔弱于水，而攻坚强莫能胜之。” 软权力就像水一样，柔软但强劲有力，软实力是领导者自身所散发，是一种内在力量。行长在工作中，要善于运用软权力，达到春风化雨的效果。我接触的优秀行长，他们都能将软权力运用到炉火纯青的地步。

（1）专家性权力。

专家性权力是借助领导者自身的能力使下属服从的力量，它来源于领导者在某个专业领域的专业知识。比如拥有某项专业的技术能力，或者是曾经拥有带领团队走向成功的经验。

我认识的一个工商行行长，他是一个精明的投资者。他买的几家公司的债券都为他带来不错的收益。收益率达20%以上，他在当地的投资圈内小有名气。所以大客户做一些投资业务，都要求这个行长亲自办理。行长为银行争取了很多大客户，下属都佩服行长的投资技术与能力。

行长拥有专业扎实的金融知识让下属望尘莫及，这不是通过硬权力、命令、胁迫下属臣服，而是用专业知识和能力，为自己树立了权威，赢得了尊重。

（2）榜样性权力。

榜样性权力就是以身作则，用实际行动来赢得下属的支持和拥护。当领导者的行为让下属感到了敬佩和尊重，他们就会在潜意识中学习领导的做法，向领导看齐。通过运用榜样性权力可以达到润物细无声的效果。

例如行长要求下属不能迟到，首先他自己就不能迟到，如果他迟到，那么他制定的这项规定就不具有说服力。我认识的一个行长，他就通过自身的榜样力量让银行里迟到的现象消失了。

这个行长，他从来不迟到，上班也是风雨无阻，有一次他刚走出家门，下起了大雨，他心里的第一想法就是赶紧找个地方避雨，但是一想到如果自己迟到，就会给员工树立一个不好的例子，于是他迈开步子跑到银行。员工们都因为避雨而迟到了，到了银行发现行长已经开始工作，内心敬佩行长的行为，渐渐在他影响下，杜绝了迟到的不良风气。

（3）伙伴性权利。

在现实生活中拥有朋友就是一件很幸福的事，如果自己的领导能倾听自己的意见，这对员工是来说更是福祉。善于倾听下属意见的领导，能够将自己和员工的距离拉近。通过倾听下属的意见，也可以多方面地了解公司的发展情况，及时掌握自己在管理上存在的漏洞，进行科学的管理。

有一位银行行长，他就是因为不懂得倾听下属的意见，而成为银行里最令人讨厌的人。他想让自己的人际关系得以改善，就找到了我。让我帮他改掉这个缺点。我发现在我和他的谈话中，他说话的时间占整个谈话时间的4/5还多。所以我告诉他，每次你一看到下属嘴唇动的时候，你就立即停止说话，倾听下属的想法。他运用这个方法，开始倾听下属的意见，并将他们的意见采纳，之后他发现整个银行的工作效率提升了，自己的人际关系也得到了改善。

上面的三种方式都是软权力的体现。领导通过软权力的管理，使得自己的个人魅力得到最大的提升。软权力是通过领导者个人能力和行为，对下属引导，让下属更愿意跟随自己，拥护自己的行为，使自己制定的战略更容易得到实施。

行长权力的运用法则

软、硬权力的灵活运用能使银行组织内部高效运转，工作效率得以提高。优秀的行长能娴熟使用这两种权力，他们在运用权力时都遵循以下三个原则。

原则一：软硬权力搭配使用，缺一不可。

《君主论》一书的作者马基雅维利说：“君主必须既为人民爱戴又被他们畏惧”。这句话运用到行长与下属的关系上同样适用，领导在亲近下属的同时，不能丢失自己的权威。要想取得这种效果就要软硬权力兼施。

行长自己以身作则，严格地要求自己，用个人魅力征服下属。这是软权力的最大效用，达到不战而屈人之兵的效果。但是并不是所有的人都会因为领导的自身魅力而改变自己，因为人是有惰性的，为了把这个惰性打消，这个时候行长就要使用硬权力对员工作出强制性的规范，保证制度的正常实施。通过这两种权力的共同使用，产生强大的乘数效应，使得行长的领导力大增。

原则二：软权力为主，硬权力为辅。

在这个追求个性的时代，个体都不愿被人所控制。所有，行长在银行的管理中不应该过多地的运用硬权力，因为硬权力是一种胁迫、威胁、命令式的权力，行长过多的运用硬权力不但不能让下属“臣服”，反而让他们产生逆反心理。

相对于硬权力，软权力是一种自身所散发的人格魅力，它的力量就是化无形于有形，行长通过软权力能影响下属的思想，改变他们的做法，让下属死心塌地的追随自己。软权力的作用如此之大，所以在银行的管理中要以软权力为主，辅之硬权力来保障制度的正常实施。

原则三：先用软权力，后用硬权力。

在实际工作中，行长要先用软权力，因为通过软权力，可以让下属形成发自内心的认同和服从心理，才能听从领导的安排。如果先用硬权力，容易激起员工的逆反心理，那么就不能取得理想的目标，还会使得工作效率降低。

我认识的一位行长他很会用这种方法，他的银行里有一个员工最近经常迟到，他想如果先用硬权力，也许会让这位员工的迟到现象消失，但是这位员工不会从内心里想要改变。他就想先用软权力，员工再次迟到，于是他把迟到的员工叫到他的办公室，问他是不是最近家里有什么事，为什么最近老是迟到。

这位员工眼神闪烁不定，行长知道肯定有什么原因，说：“你说吧，我相信你不会无故迟到的。”最后行长得知6原因，这位员工的母亲最近生病了，他每天要去医院伺候母亲，所以最近经常迟到。行长安慰他要他多注意身体。行长还亲自去看望了他的母亲，让他备受感激，他从此再也没有迟到过。

行长在银行的管理中，要先用软权力，通过软权力让下属从内心得以臣服。但是当软权力不起作用的时候，就要使用硬权力，通过使用硬权力维护好银行秩序的正常进行。

权力的使用是现代领导必须学会的一种领导艺术，行长要想充分利用好权力，首先要弄清楚权力是怎么来的，权力到底能在管理中带来什么。只有这样，行长才能合理地运用软硬两种权力，同时掌握好两种权力的使用力度，充分把控好使用权力的时机、只有当权力的力度、时机使用恰当时，才能实现长效的领导。

3. 行长领导力重塑的关键点

行长在强化自身领导力的过程中，需要注重各个环节的能力优化。

全面提升综合素质

行长作为整个银行网点的最高管理者，带领着银行的全体员工为银行的发展努力奋斗。在这一努力奋斗的过程中，行长的领导力起着至关重要的作用。

行长的领导力是指，行长与下属员工通过一系列的磨合，最终实现银行快速发展的过程。行长的领导力在这一过程中，并不是无形地存在，它具体体现在行长一系列的行为中。通过这些行为激励并且带领员工积极地完成整个银行的工作目标。

我曾经引用过美国前国务卿基辛格的一句话："领导就是要让他的人们，从他们现在的地方，带领他们去还没有去过的地方。"从这句话中，可以很明显地感受到团队领导力的重要性，甚至可以看成是一门艺术。

在银行的发展过程中，行长的领导力是无可取代的。行长的领导力并不是指行长在某一方面的能力，它是行长综合素质的全面体现。因此，要想重塑行长的领导力，就要从全面提升行长的综合素质着手。

第一，加强学习，提升自身的文化素养。

我经常对我的学员说："无论什么时候，都不要放弃学习。"学习是每一个人从小就开始做的事，小时候老师会经常告诫我们：好好学习，天天向上。长大后，进入职场，尽管工作繁忙，但是仍要抽出时间去学习。

行长作为银行的管理者，更需要不断地学习。时代是不断发展的，银行也会在这个发展的过程中不断地遭遇各种新的问题。行长只有通过不断地学习，增强自身的综合素养，了解业内的新鲜事物，才能在面对新的问题时，用最快的速度去思考，最有效的方式去解决，银行业才会在不断出现的问题中越挫愈勇，逐渐壮大。

第二，提升自身的管理能力。

银行是市场经济中十分庞大的金融体系，要保证整个银行系统的正常运转，就需要行长不断提升自身的管理能力，以最为有效的管理手段，促进整个银行系统方方面面的有序进行和不断完善。

行长的管理能力主要包括行长业务管理的能力、经营管理上的能力、维护客户工作的能力、金融业务市场拓展的能力以及开辟营销渠道的能力。这五方面的能力几乎涵盖了银行所有的重要的管理工作，也是提升行长综合能力需要重点关注的几个方面。

第三，加强防范风险的能力。

这一方面的能力，是很多行长容易忽视的。对于风险的防范也就是对一些可能出现的未知问题的防范。

金融业是市场经济中风险最高的一个行业。在银行的发展过程中会出现许多未知的风险，甚至有些风险是不可避免的。

面对众多的风险，作为一名优秀的行长要具备较强的风险预知和风险防范的能力，最大限度地避免风险的发生。对于一些不可避免的风险，要提前防范，以最为合理的应对方式减少风险所带来的危害，确保银行工作的正常运转。

全面提升行长的综合素质，是行长的领导力重塑过程中十分重要的一个环节。要想成为一名优秀的行长，就需要通过自身的努力，增强自身的综合能力，为整个银行的快速发展打造最强的领导力。

重视环环相扣

我认识的许多行长都十分重视自身领导力的强化。他们对领导力在整个银行管理工作的中重要性认识十分深刻。我也曾多次受邀参加一些行长组织的座谈会，和一些行长以及业界的人士共同探讨过行长领导力的重塑问题。

在行长领导力重塑的问题上，我们总结出了几个十分重要行长的需要不断强化的能力。这些能力包括沟通力、激励力、影响力和执行力。

（1）沟通力。

沟通力是作为一位优秀行长必须具备的一种能力。只有具备强大的沟通力，才能把自己的观点、思想通过交流传递给下属员工，并且对员工产生很大的影响。

行长与下属员工之间的交流与沟通是行长日常工作中必不可少的一部分。对行长沟通能力的强化也是行长领导力重塑过程中十分重要的一个环节。

（2）激励力。

行长对下属员工的激励是员工不断成长、不断提升工作效率的十分重要的影响因素。行长与员工的关系，有时候就像老师和学生的关系。行长对于员工的工作表现要像老师激励学生一样，给予一定的表扬和肯定。员工的工作表现受到了上级领导的肯定，自然会爆发出更多的工作积极性和工作热情，付出更多的努力去完成工作。

（3）影响力。

行长的影响力就是行长对于下属员工的影响和带动能力。具备超强的影响力是成为一位优秀行长的前提条件。行长的影响力越强，其领导力也就越强。

（4）执行力。

执行力是行长领导力提升的最终行为体现。所有银行的工作目标和工作计划，都要依靠卓越的执行力具体到行动中，完成其价值的体现。

行长的这四种能力的强化是行长领导力重塑过程中至关重要的四个环节，这四种能力的强化环节不是单独存在的，也绝对不能够单独存在。四个环节之间是一种环环相扣的关系，相辅相成、相互影响、相互制约。缺少其中的任何一个环节，行长领导力的重塑过程就会被打乱，整个领导力的重塑也就不能够达到最完善的效果。

银行行长在进行具体的领导力重塑时，一定要维系好这四个环节之间的关系，利用最合理的方式在四个环节之间寻找一个平衡点。利用四个环节的优势互补，紧密联系，环环相扣，集合四种能力的共同力量，促进行长领导力重塑的顺利进行。

强化意识

行长的领导力意识，不同于其他的具体工作能力形态，它是一种无形的力量。行长的领导力意识在行长的工作过程中具有较强的能动作用。

首先，从意识的本质反映来分析。

意识是客观事物的具体反映，它不仅能够对事物的外部现象作出正确的反映，还能够对事物的本质和规律作出准确的反映。

行长的领导力意识在具体的管理工作中，可以对银行工作的本质规律作出具体的分析，对一些工作的发展趋势作出合理的解释。利用对这些具体的工作现象的分析，掌握整个银行工作的发展规律和本质现象。然后再运用到具体的工作当中，进而促进整个银行工作的顺利进行以及工作流程的有序运转。

其次，从意识的反作用来分析。

意识来源于人的内在思想，但是却反作用于具体的客观事物。意识是人类主观思想的反映，在一定程度上具有片面性。因此对于客观事物的反映也不具有绝对的正确性。也就是说，意识对于客观事物的反作用会存在正确与错误之分。正确的意识对于事物的发展有促进作用，错误的意识则会产生阻碍作用。

行长的领导力意识是行长主观思想的反映，也不具有绝对的正确性。因此，行长在进行具体的意识分析时，一定要保持对银行事务的客观分析，利用科学发展的眼光对具体问题进行最全面的分析与解剖，确保以正确的意识分析促进银行工作的顺利进行。

第一，强化客观意识。

银行工作协调上的问题，主要是工作意见的分歧。面对这种情况就需要行长进一步强化自己的意识，站在最为客观全面的立场上，抛弃自身的主观意识，一切以银行发展为首要目的，进行最为合理的协调工作。

第二，强化执行意识。

很多人在工作的执行上都会有拖延的毛病。这种行为，对于工作的完成十分不利。面对这样的问题，行长就需要坚强的意志。面对问题和工作，积极主动地去完成，成为一个具有较强自我行动意识的领导者。

第三，强化长远意识。

银行的发展之路是一条长远的可持续发展的道路。行长在具体的工作中一定要强化自身的长远发展的意识，用可持续发展的眼光看待问题。避免发展眼光的狭隘性，为银行的发展做长远打算。

行长的意识强化是一种极为主观的事，它是一种自我约束、自我提升的表现。强化意识，也是行长在进行领导力重塑过程中十分主观也是十分重要的环节。要想成为一位优秀的行长，强化意识必不可少。

4. 做一位教练型上司

要想成为一名优秀的行长，就要努力成为一名教练型的上司，培养和提升下属的能力。下属的成就就是上司的成就。

成为“教练型上司”

“教练型上司”是当前十分受推崇的一种领导人的类型。也是我所接触过的一些行长一直努力的方向。

“教练型上司”主要是通过工作中的各种途径了解员工的工作进展、工作状态以及工作目标和所遇到的问题。然后通过一系列的沟通交流和一些专业的教练方法和策略，激发员工的工作热情，调动员工的积极性。在最短的时间内帮助员工找到解决问题最为合理的方法和途径，促进工作目标顺利、高效地完成。

教练型的上司对于员工工作的指引以及工作中出现问题的解决有着十分重要的作用。成为一名教练型的上司，对于行长而言是成为一名优秀行长的首要条件。

要想成为“教练型上司”，行长要对“教练型上司”的特性作出全面了解。

（1）对员工具有耐心和毅力。

“教练型上司”最主要的工作就是对员工的指导和培养。对于员工在工作中所出现的问题进行及时地指正和指导，帮助他们尽快地步入正确的工作轨道。

要保证这一系列工作的顺利进行，行长就需要具备足够的耐心和毅力。对于员工的错误细心地指正。帮助他们通过这一次错误的指正，认清错误产生的根本原因，从而有效避免下一次错误的发生。

特别是面对一些连续出现错误的员工，一定要保持足够的耐心。认真帮助他们认清问题的原因，帮助他们重新树立自信心。

（2）对员工起到激励和启发的作用。

“教练型的上司”对于员工而言就是教练、老师。对于员工的个人发展，行长要通过合理的方式给予一定的启发，让员工意识到自己想要什么，自己为了目标还需要做些什么。行长要帮助员工树立科学长远的个人发展目标，激励他们在自身成长的道路上不断地努力、不断地奋斗。

同时在员工实现个人目标的道路上，行长要及时地给予一定的指导，确定他们发展方向的正确性。同时对于他们的工作成果作出及时的反馈。

（3）具有较强的授权能力。

具有较强的授权能力，是一位教练型上司的典型特点。授权工作是行长日常工作中十分重要的一部分。合理的授权对于员工工作效率的提升和工作目标的快速完成有着很大的促进作用。

一位善于授权的行长，一定具有掌握大局的能力。面对众多的银行工作，选择合适的员工来完成是十分重要的。

要想成为“教练型上司”，行长在修炼的道路上一定要着重注意“教练型上司”的这三个特性。根据这三个特性的具体要求，努力提升自身的综合能力，成为一名促进银行发展、促使员工成长的优秀行长。

“教练”扮演的三种角色

我曾认识一位农业银行的行长，这位行长自称已经成为了一名合格的“教练型上司”，并且非常大方地和我分享了他的一些工作经历。

通过对这位行长工作上一些事务的了解，我发现这位行长并不是一位完全合格的“教练型上司”。之所以说这位行长不是完全合格的“教练型上司”，主要是因为这位行长具备了“教练型上司”的部分特性，但是同时又缺少一些重要的必备因素。

据我对这位行长的了解，这位行长是一位对员工十分有耐性的领导，对于员工工作中出现的错误能够及时地给予指正。同时又具备很强的授权能力，对于银行工作的分配进行得十分合理有序。

通过这位行长的这些表现，很容易就让人觉得这就是一位合格的“教练型上司”。但是实际上，这位行长之所以不能被称之为“教练型上司”，其主要原因是在银行的工作过程中这位行长并没有扮演好“教练型上司”必须扮演好的三种角色。那么，这三种角色究竟是什么呢？

角色一：镜子。

谈到镜子，我们的第一印象就是能够从镜子里看到许多我们不容易发现的东西。比如嘴角的饭粒、翻折的衣领或者衣角的污渍。这些我们自身很难发现的问题，通过镜子就可以很清晰地看到。

镜子的这一特性，也正是“教练型上司”扮演“镜子”这一角色的主要原因。教练通过扮演镜子这一角色，让下属员工能够清晰地看到自身出现的问题，从而及时作出改正，避免错误危害性的扩大。

同时要想成为一名优秀的“教练型上司”，对于“镜子”这一角色，行长不仅要注重反映下属员工的表象行为，还要对员工的心态作出合理的反射。

行长要通过引导让员工找到正确的发展方向和问题出现的根本原因，引导他们自己找到解决问题的方法，并且能够及时付诸行动。

角色二：催化剂。

“教练型上司”是团队员工成长过程中必不可少的催化剂。对于员工的个人成长和整个团队的发展都起着十分重要的作用。

①激发员工的自主思考能力。

对于员工而言，个人发展的过程中离不开自主思考的能力。教练型的行长作为“催化剂”能够很好地激发员工的自主思考能力。

②提高员工分析问题、解决问题的能力。

在员工的工作过程中，对于一些问题的出现是无法避免的。要想保证工作的顺利完成，就必须具备较强的分析问题、解决问题的能力。而教练型的行长正好是员工这一能力提升的催化剂。

③培养员工自我规划的能力。

教练型的行长在员工的个人发展道路上，能够很好地培养员工的自我规划的能力，这种能力的培养，对于员工的发展道路十分重要。

角色三：钥匙。

这里所说的“钥匙”，是一把能够打开员工心灵之锁的钥匙。这把钥匙具体到教练型行长的工作中，就是与员工之间的沟通与交流。

上下级之间的沟通与交流的重要作用，是我一直在强调的一个话题。合理的交流与沟通，就像一把钥匙能够轻易地打开员工的心灵之锁，了解他们内心最为真实的想法和观点，给予他们最真诚的帮助和指导。

以上就是一名合格的“教练型上司”需要扮演好的三种角色。要想成为一名优秀的行长，不仅需要扮演好这三种角色，而且需要能够在这三种角色之间自由地转换。面对不同的员工，给予不同的角色帮助，从而促进整个银行团队的快速发展。

“教练”的四种行为塑造方式

行长在“教练型上司”的修炼道路上，不仅要关注“教练型上司”的主要特性和角色扮演等方面，还要关注“教练型上司”的行为塑造方式。

“教练型上司”的行为塑造方式，对于行长在行为规范以及对银行下属员工的管理方面都起着十分重要的作用。行为塑造方式的合理与否，对于下属员工的行为引导将起着十分重要的作用。

我曾就这一问题和业内的一些优秀行长进行过深入交谈。对于“教练型上司” 的认识又有了更加深刻的了解，特别是在“教练型上司”的行为塑造方式上。我通过与行长的交流，对教练的行为塑造方式进行了全面的整理，总结出了以下四种行为塑造方式。

（1）正强化。

从强化最基本的表现形式来讲，是指对某一种已经出现的行为肯定或否定的后果。这在很大程度上决定着这种行为是否还会再次出现。也就是说，如果对这种行为给予一定的肯定，那么这种行为就会再次出现。如果给予否定，那么这种行为将不会再出现。

强化当中对于行为的肯定就是一种正强化行为。正强化，是指在行为出现之后给予的一种肯定和奖励。对于这种行为的再次出现具有一定的积极刺激作用。有利于较好的行为的重复出现。

行长在具体的管理工作中，对于下属员工的一些好的工作行为或成效，应该给予及时的肯定和奖励。这样正强化的方式，有利于刺激员工优秀行为的积极保持和再次出现。

（2）负强化。

在强化的定义中，对于一种行为的否定，用以抑制这种行为的再次发生，就是一种负强化行为。

负强化行为是针对一些不良的行为所给出的否定和惩罚，通过一定的惩罚给这种行为带来消极的刺激，直到不良行为消失后，才会撤销这种消极刺激。通过这种方式抑制不良行为的再次发生。即使不能避免发生，也要在一定程度上起到减少发生次数的作用。

这一行为素塑造方式应用在行长的日常工作中，主要表现在对一些员工不良行为的抑制。对于一些员工在工作中所出现的错误行为，行长及时地给以否定和惩罚，通过惩罚上的刺激，达到员工减少错误行为的目的。

（3）惩罚。

惩罚在很大程度上和负强化有一定的相似之处。它也是针对一些不良的行为所给予的消极刺激。通过这种刺激抑制错误行为的再次发生。

惩罚和负强化的不同之处在于惩罚不是一种会随着不良行为的消失而撤销的刺激。它是一直存在的，只要不良行为一产生，就会受到相应的惩罚。应用在行长具体的工作中，就主要体现在行长对员工的工作失误所作出的撤职、降薪、开除等方面。

（4）消退。

消退主要是指对正强化措施的一种取消行为，通过对正强化措施的取消，使这种行为逐渐得到消退，减少行为出现的次数。

行长在进行具体的消退行为时，一定要运用一种合理的方式，促使一些奖励措施的取消更加自然。

“教练型上司”的这四种行为塑造方式相互之间并不会产生一种制约行为。行长在具体的实施过程中，可以根据具体的情况选择合适的行为方式，以达到最为合理的员工行为的管理效果。

“教练”的四项策略

由于工作性质的原因，我经常受邀参加一些行长组织的座谈会。座谈会主要是银行行长之间的沟通交流会。在银行的工作中，一旦出现一些普遍性的问题或是一些影响较为严重的问题，行长们就会聚集在一起，就问题的解决进行沟通与交流。

在沟通交流的过程中，围绕的关键词就是“策略”。针对问题的产生，制定出相应的解决策略是十分重要也是极其必要的环节。

行长要想成为一名“教练型上司”，必须对根据具体的工作需求所制定的策略进行详细的了解。

（1）制定合理的激励制度。

面对复杂繁重的工作，员工时常会表现出一定的懈怠情绪。这种消极的懈怠情绪在很大程度上会影响到工作的进度和工作的效率。面对这样的情况，就需要采取一定的激励手段，激发出员工的工作热情和工作积极性。

行长在日常的管理工作中，应该针对员工的工作积极性和工作热情的问题制定出合理的激励制度。对员工具体的工作行为和成果进行明确的奖罚。通过这种奖励和惩罚上的刺激，带动起员工的工作积极性，端正其工作态度。从而促进整个银行工作效率的提升和工作风气的校正。

（2）帮助员工树立正确的心态。

我经常在我的培训课堂上对学员说："心态决定一切。"之所以向员工反复强调这句话，主要是想帮助学员在工作的过程中树立正确的心态。

有一些行长在工作的过程中，经常会忽略员工的心态问题。他们会认为在银行的工作中行为是最重要的。但是他们忽略了心态才是决定行为的关键因素。拥有积极的工作心态的员工，一定会对应优秀的工作行为。而一些持有消极的工作心态的员工，其工作行为必然是消极的，自然也不会带来优秀的工作成果。

（3）激发员工的工作潜能。

每一个员工都拥有无法想象的工作潜能。他们在工作的过程中所体现出来的只是自身工作能力的一小部分，还有很大的一部分的工作潜能需要挖掘和激发。

在银行的工作中，行长不要小看员工的潜能，而是应该通过帮助员工树立信心、确定工作目标等方式激发出员工的潜在能力。员工潜在的能力一旦被激发出来，工作效率自然会得到大幅度的提升。

（4）加强对工作目标的管理。

对团队工作目标的正确管理，在很大程度上会给员工的工作带来很大的激励和引导作用。

因此，树立正确的工作目标是行长在团队管理工作中十分重要的环节。同时行长还要在目标确定之后，进行一系列的目标管理和反馈工作。用以确保整个银行工作的顺利进行。

“教练型上司”的这四项策略，是针对具体的工作制定的应对策略，在具体的银行工作中发挥着极为重要的作用，是一位优秀的行长在工作中不可忽视的一部分。

“教练型上司的”C5教练法

就我个人而言，我十分喜欢在工作中总结一些方法规则。一些明确的方法规则对于工作的进行和改进都有着十分重要的作用。

我曾对“教练型上司”的相关内容进行过具体研究，其中对于“教练型上司”的C5教练法印象较为深刻。

C5教练法主要是针对下属员工的一些指导工作而总结出来的有效方法，这种方法在行长具体的管理工作中发挥着十分积极的作用。

作为一名“教练型上司”，行长对于员工的指导和培训自然是不可缺少的一部分。对于员工而言，是个人成长过程中十分重要的环节。

因此行长在进行这一部分的工作中时，一定要采用合适的方法，千万不能盲目地进行指导和培训。合理的方法才能促进下属员工的个人成长，才能保证工作效率的提升和工作成果的优质。

下面我就对C5教练法的具体内容进行介绍和分析：

C5教练法主要是针对下属员工的一些指导工作总结出来的有效方法，“C”的全拼就是“change”改变的意思，“5”就是指五个步骤。C5教练法实际上也就是指企业领导改变员工的五步法。

（1）激发员工的工作热情。

员工的工作积极性和工作热情对于工作效率的提升和工作目标的完成有着十分重要的作用，但是员工的工作积极性和工作热情并不是随时都有的。

这就需要行长在具体的工作中，通过采取一定的激励措施，激发出员工的工作热情，树立员工积极自主的工作态度，从而促进其工作效率的提升。

（2）准确地分析问题出现的原因。

在银行的工作中，许多问题的出现是无法避免也是无法预知的。面对出现的问题，行长作为整个银行的管理者应该对所出现的问题进行全面客观的分析，准确地找出问题出现的原因。

千万不能对出现的问题敷衍了事，草草应对，一定要找出问题出现的根本原因，这样才能有效预防问题的再次发生。

（3）制订合理的解决方案。

对于工作中出现的一些问题，行长一定要引导员工积极主动地去解决。面对出现的问题，不能一味地逃避，要用一种正确的心态去面对，制定出积极有效的解决方案，并且及时付诸行动解决问题。

（4）不间断地督查指导。

行长对于员工的工作状态和工作成果一定要进行不间断的督查和指导。通过这种方式及时地发现员工工作中出现的问题，并且给出正确的指导，确保员工工作问题最小化，工作效率最大化。

（5）对工作成果给予及时的评估

对于员工的工作成果，行长应该及时检验并给予一定的评估。对于优秀的工作成果，给予充分的肯定和表扬。对于错误的表现，给出适当的批评，同时也要给予一定的鼓励。通过对工作成果的评估，对员工这一阶段的工作作出准确的回馈，有利于员工工作经验的积累和工作水平的提升。

C5教练法是成为一名优秀的“教练型上司”必须掌握的管理方法。通过对C5教练法的灵活运用，给予员工最及时也是最准确的指导，促进其工作效率的提升，同时也有利于一位优秀行长的个人修炼。